Die Türe zu einer neuen Wirklichkeit

Eric Dowsett

eric Dowsett

Inhaltsverzeichnis

Einleitung

Konfuzius sagte einst: "Ich erschaffe nicht; ich gebe lediglich die Weisheit derer weiter, die vor mir gegangen sind."

Hast du manchmal das Gefühl, du würdest gerne einen
Teil der Welt verbessern oder zumindest etwas an dir selbst
verändern, mit dem du unzufrieden bist?

Die Welt verändert sich ständig, aber sie scheint sich in
eine Richtung zu entwickeln, die von übermässigem Reichtum
und Machthunger gesteuert wird, mit wenig Rücksicht auf den
Einzelnen. Eigentlich wäre es nicht so schwer zu verstehen,
wie und warum dies geschieht.

Äussere Veränderung entsteht, wenn eine ausreichende
Anzahl von Menschen eine gemeinsame Vorstellung von der
Zukunft hat und ihre Vorstellung, manchmal mit der einen
oder anderen Art von Gewalt, ihren Mitmenschen auferlegt.
Dennoch ist jede herbeigeführte Veränderung immer noch
ein Produkt unserer aktuellen Ansichten und unserer aktuel-
len Realität. Das bedeutet, dass diese Veränderung keine echte
Veränderung ist, sondern eher eine Anpassung.

Wir glauben, wenn wir irgendetwas an unserem Leben verändern wollen, dann müssten wir dies innerhalb des gegenwärtigen Systems tun, weil dieses System das einzige ist, was wir kennen und womit wir vertraut geworden sind. Unser Glaube an diese jetzige Realität schränkt unsere Fähigkeiten ein, irgendeine grössere Veränderung in unserem Leben zu bewirken. Wir sind durch die in dieser Realität bestehenden Strukturen eingeengt.

Uns wird oft gesagt, dass wir selber die Veränderung sein sollen, die wir sehen möchten. Doch das ist leichter gesagt als getan. Zunächst einmal ist jede Veränderung, die wir uns vielleicht wünschen, nur ein Produkt unseres konditionierten Geistes. Jede Veränderung, die wir für notwendig halten, ist nur das Ergebnis eines Egos, das auf Angst basiert, eines Egos, das in seinem Inneren nicht in Frieden ist und deshalb im Aussen nach Antworten sucht. Wären wir wirklich in Frieden mit uns selbst, dann würde das Bedürfnis nach Veränderung gar nicht erst aufkommen. Es gibt viele Gründe, warum wir diesen inneren Frieden nicht gefunden haben. Diese mögen den Eindruck erwecken, es handle sich um ein äusseres Problem. Die meisten dieser Gründe, wenn nicht alle, sind selbst kreiert oder zumindest selbst aufrecht erhalten. Mehr dazu später im Buch. Unsere Vorstellungskraft ist auf unsere Erfahrungen beschränkt und wenn wir nun eine Veränderung auf diesen bisherigen Erfahrungen aufbauen wollen, wünschen wir uns damit bloss eine Revolution im Kleinen, die das Leben hoffentlich ein wenig angenehmer macht. Daher ist es für jeden Einzelnen sehr schwierig, auch nur ansatzweise eine wirkliche Veränderung zu bewirken und aus dem Drama heraus zu finden, in dem er oder sie sich gerade befindet.

Um einen völlig neuen Traum zu träumen, brauchen wir einen neuen Träumer — der alte hat sich als unfähig erwiesen, etwas Nachhaltiges zu kreieren. Um selber zur Veränderung zu werden, müssen wir brutal ehrlich zu uns selbst sein. Wir müssen über die kleinen Vorlieben und Abneigungen hinausgehen, um Raum für Veränderung zu schaffen. Wir können nicht wissen, was diese Veränderung sein wird, da wir ja bisher nicht in der Lage waren, sie zu manifestieren. Anstatt zu versuchen, uns eine neue Realität vorzustellen, müssen wir zuerst die alte Realität loslassen.

Was ich dir mit den Worten dieses Buches mitteilen möchte ist, dass es völlig sinnlos ist, für irgendeine Sache zu kämpfen. Ich möchte dir meine Gründe für diese Sichtweise mitteilen und erklären, wie wir aufhören können, mit unserer Energie jeglichen Konflikt zu schüren, egal, in welcher Form sich dieser auch zeigen mag. Wir werden sehen, dass Veränderung — Weltfrieden, Gerechtigkeit, Gleichheit, Freiheit — nicht aus einem bestimmten Standpunkt heraus entstehen und nachhaltig sein kann, da dieser Standpunkt aus einem gegenteiligen Standpunkt heraus entstanden ist oder nur wegen dieses gegenteiligen Standpunktes überhaupt existiert.

Dieses Buch kann auch für diejenigen hilfreich sein, die in einem Drama von Machtlosigkeit gefangen sind, so dass sie verstehen können, wie sie mit ihren eigenen Aktionen/ Reaktionen selber all das unterstützten, was sie lieber nicht in ihrem Leben gehabt hätten. Wir sind alle bis zu einem gewissen Grad in dem Netz des Lebens gefangen, das wir Realität nennen. Es scheint, als ob die einzigen Wahlmöglichkeiten, die wir haben, innerhalb dieser Realität existieren. Aber vielleicht ist das nicht der Fall. Unser Glaube, dass es so ist, macht es nicht realer als alles andere. Einst glaubte man, die Welt sei flach. Einst glaubte man, die Sonne bewege sich um die Erde. Der Glaube daran hatte dies jedoch nicht zur Wahrheit gemacht.

Eric

1

Polarisierende Gedanken und Gewalt

Der alte Traum hat uns einfach tiefer in einen polarisierten Zustand geführt: "Wir gegen sie"; "Wir haben Recht, ihr habt Unrecht"; "Unser Weg ist besser"; und dergleichen. Dieser polarisierte Zustand hat unweigerlich zu Gewalt geführt.

Natürlich gibt es andere Wege, um Probleme zu lösen; Gewalt ist nicht immer die Lösung. Dennoch werden wir beim Lesen der Zeitungen, beim Fernsehen, Radiohören und auch Konsumieren von sozialen Medien überhäuft mit unzähligen Meldungen über Gewaltanwendung. Wenn diejenigen, die zur Gewalt greifen, keine Alternative sehen, wird oft Gewalt eingesetzt, um Aufmerksamkeit zu erlangen, um ein etabliertes System zu stürzen. Oder Gewalt wird nicht nur als letzten Ausweg eingesetzt, sondern als Mittel zum Zweck, um Gruppen von Menschen zu kontrollieren. Gewalt oder die Angst vor Gewalt macht aus Löwen Lämmer.

Die subtileren Formen der Gewalt — Medienmanipulation, jegliche Gesetzgebung, die vorgibt, zu "schützen",

Propaganda und Lügen — sind genauso korrumpierend und gefährlich und genauso weltverändernd wie offene Gewalt. Diese Formen der Gewalt beginnen ihren Feldzug leise, heimlich in der Nacht. Sie schleichen sich allmählich in das Leben verschiedener Bevölkerungsgruppen ein und werden mit der Zeit zur Norm, zur akzeptierten Art und Weise, die "Sicherheit" in der Gesellschaft aufrechtzuerhalten. Doch täusche dich nicht, es ist immer noch Gewalt, egal wie sie sich verkleidet.

Ob offene oder verdeckte Gewalt, es wird immer mindestens zwei Seiten geben und eine Seite wird scheinbar mehr leiden als die andere. Ich sage "scheinbar leiden", weil ich und viele andere vor mir die Erfahrung gemacht haben, dass es zwei Seiten braucht, um einen Streit zu führen. Beide Seiten werden auf ihre Weise leiden: der Unterdrückte offensichtlich, der Unterdrücker durch die Notwendigkeit, eine Situation der Unterdrückung aufrecht zu erhalten. Jeder Zustand der Unterdrückung nimmt Zeit, Energie und Ressourcen in Anspruch und hindert die für die Unterdrückung Verantwortlichen daran, zu erkennen, dass Langzeitlösungen niemals in Gewalt zu finden sind.

Man kann nicht einen Standpunkt haben und daran festhalten, wenn es keine Opposition zu diesem Standpunkt gibt. Das ist schwer zu verstehen, wenn man von dem aktuellen Verständnis der Welt, in der wir leben, ausgeht. Wie wir sehen werden, ist dieses aktuelle Verständnis nur "real" aufgrund der Energie, die wir ihm geben. Du könntest dir vorstellen, dass das Ziel jedes Wunsches nach Veränderung, ob offensichtlich oder nicht, darin besteht, eine Gemeinschaft zu erschaffen, in der alle den gleichen Standpunkt haben, denn dann (so glauben wir vielleicht) könnten wir uns alle sicher und glücklich fühlen.

Alles schön und gut und dein *Glaube* an diesen Prozess mag richtig sein. Doch solange es irgendjemanden gibt, der nicht an deine Sichtweise glaubt, wird es weiterhin Leid geben. Und solange das Leiden existiert, kann es keinen Frieden geben. Solange das Leiden andauert, wird Gewalt immer die letzte Möglichkeit einer Minderheitengruppe sein. Viele scheinen damit einverstanden zu sein, einen Zustand des Glücks auf Kosten anderer zu erreichen, im Glauben, dass ihr Weg besser ist und dass ihr Leben irgendwie wichtiger sei als das Leben der anderen.

Dieser egozentrische Glaube, so vermute ich, ist ein grundlegender Fehler im Denken. Es ist ein irrtümlicher Standpunkt, auf dem alle Konflikte beruhen. Der Glaube, ich bin, wir sind besser, wir liegen richtig, dies ist die Wurzel aller Konflikte. Wenn sich dieser Glaube nicht ändert, dann verdammen wir uns selbst zu einem Leben in ständigem Konflikt.

Konflikte und die durch sie hervorgerufene Gewalt, existieren und entstehen in vielen Formen. Ohne Konflikte, so könnte man argumentieren, gibt es keine Welt, in der man leben kann. Wenn wir uns das Tao anschauen, das Yin und das Yang, haben wir das Schwarz und das Weiss, zwei Gegensätze, die im Gleichgewicht gehalten werden, ein ewiger Konflikt, der die gegenwärtige Welt erschafft.

Schaut man genauer hin, wird klar, dass das Eine nicht ohne das Andere existieren kann. Wie können wir schwarz haben, wenn wir nicht auch weiss haben? Wie können wir das Falsche haben, wenn wir nicht das Richtige haben? Wie kann heiss existieren, wenn es kalt nicht gibt?

Wie können wir also Frieden ohne Krieg haben? Das mag schwer zu akzeptieren sein, besonders für eine Seele, die scheinbar schon in einer konfliktreichen Welt lebt. Weltfrieden kann nicht existieren, solange er ein Konzept bleibt, ein Ideal, ein Ziel. Solange Frieden als etwas Äusseres gesehen wird, wird er sein Gegenteil erzeugen: Krieg.

Denn solange mein Weg besser ist als dein Weg, ist der Krieg unvermeidlich. Solange "mein" Nachwuchs mehr wert ist als "dein" Nachwuchs, solange wird Kindesmissbrauch akzeptiert.

Solange ich Angst habe, etwas zu verlieren, wird mich meine Angst in einer kleinen, dunklen Welt gefangen halten. Solange ich jemandem die Schuld für meinen Zustand gebe, wird dieser Vorwurf sowohl ihn als auch mich vergiften — ein Gift, das zu Wut, Hass und daraus resultierender Gewalt führt. Wenn das Gift des Hasses und der Wut nicht nach aussen, auf andere, gerichtet wird, dann wirkt es nach innen und grosse gesundheitliche Probleme werden mit Sicherheit folgen.

Um es zusammenzufassen: Wir können nicht eine *Seite* haben, ohne eine gleichwertige und entgegengesetzte *Seite* zu schaffen. Wenn du für Frieden demonstrierst, unterstützt du den Krieg, indem du ihn anerkennst. Wenn du demonstrierst, um etwas zu retten, gibst du Energie an das, was du ablehnst. Wenn du für die Rechte der Ungeborenen kämpfst, gibst du denen Energie, die anders glauben.

Das ist ein schwer zu akzeptierendes Konzept, denn Menschen, die in einer polarisierten Gesellschaft leben — und das schliesst dich ein — haben starke Überzeugungen über richtig und falsch. Sie haben einen festen Glauben an das Gute und das Böse. Das sind Überzeugungen, für die sie bereit sind zu kämpfen, zu sterben, zu töten. Wenn Menschen glauben, dass Ungerechtigkeit, Missbrauch, Schmerz und Leid falsch sind (und das ist es natürlich in einer Welt mit stark polarisiertem Denken), dann empfinden sie es als ihre Pflicht, etwas dagegen zu tun.

Mein Ziel mit diesem Buch ist es, dir zu beweisen, dass es völlig sinnlos ist, für irgendeine Sache zu kämpfen. Wenn wir eine positive Veränderung in der Welt sehen wollen — Frieden, Gerechtigkeit, Gleichheit, Freiheit — müssen wir aufhören, unsere Energie in die Konflikte zu stecken, die diese aufgeladenen Themen umgeben. Veränderung kann nicht stattfinden, wenn es bedeutet, eine bestimmte Sichtweise zu unterstützen, während diese Sichtweise nur aufgrund einer entgegengesetzten Sichtweise existiert.

Die gesamte Realität ist relativ. Es hängt alles von deiner Sichtweise ab. Abhängig von deiner Sichtweise kann die Welt in einem Zustand des Chaos erscheinen. Doch wenn wir zustimmen, dass wir, wie das Tao, nicht ein Extrem haben können, ohne das Gegenteil ebenfalls zu haben, dann muss es im gleichen Masse wie das scheinbare Chaos auch Frieden und Sicherheit geben. Dies bringt mit sich, dass die Welt in einem ausgeglichenen Zustand ist, dass sie immer in einem ausgeglichenen Zustand ist. Aber weil dieses Gleichgewicht stark polarisiert ist — wir sehen nur Frieden versus nur Krieg, nur Hass versus nur Liebe — daher *erscheint* es für einige als aus dem Gleichgewicht geraten.

Was wir heute erleben (wenn man sich auf die Medien verlassen kann), ist eine Reihe von extremen Standpunkten. Standpunkte über richtig und falsch, gut und schlecht, alle so stark polarisiert, dass wir in den Konflikt hineingezogen werden, ob wir wollen oder nicht, ihn mögen oder nicht, ihn unterstützen oder nicht. Und vielleicht, was noch wichtiger ist, ob wir es realisieren oder nicht. Es könnte sein, dass wir, weil wir so sehr in den modernen Medien versunken sind, dass wir nicht einmal mehr eine bewusste Wahl haben. Ist unsere soziale Konditionierung so stark und so allgegenwärtig, dass wir keine Wahl mehr haben?

Also ist die grosse Frage, die wir alle uns jetzt stellen müssen: "Ist dieser Konflikt, den ich überall um mich herum sehe, von mir selbst geschaffen? Inwieweit bin ich dafür verantwortlich, die Welt um mich herum zu erschaffen, zu unterstützen und aufrechtzuerhalten?"

Die ganze Menschheit ist mit einem ewigen Dilemma konfrontiert, das entsteht, wenn man in einen menschlichen Körper hineingeboren wird, wenn man die Persönlichkeit des Kindes annimmt, eine Persönlichkeit, die durch Ideale, Werte, Wahrnehmungen und Sichtweisen aus der frühen Kindheit verstärkt wird; dieses Dilemma ist "tun oder nicht tun", sobald man mit etwas konfrontiert wird, das eine etablierte Sichtweise in Frage stellt.

Abhängig von unserer frühen Konditionierung, haben wir oft keine bewusste Wahl. Uns wurde beigebracht, dass wir etwas *tun müssen um etwas zu erreichen, etwas zu erschaffen, einen bestimmten Lebensstil zu führen. In der Welt des Yin und des Yang, einer Welt der Gegensätze, einer Welt, die durch Gedanken und Handlungen erschaffen wird, scheint es sicherlich so, dass wir etwas tun müssen, um das zu erschaffen, was wir uns wünschen.*

Dies ist der Beginn der egozentrischen Reise. Damit beginnt die Reise in das Selbst, die Reise in die dreidimensionale Realität, die die Welt ist, die wir bewohnen. In dieser Realität, diesem Modell, dieser angenommenen Persönlichkeit, dieser Assoziation mit dem Körper, den Gedanken und den Emotionen, stellt niemand in Frage, ob wir etwas tun oder nicht tun sollen. Wir werden tun oder nicht tun, als Ergebnis unserer besonderen Konditionierung. Es scheint in der Natur dieser Lebensreise zu liegen, alle Gedanken, Emotionen und Erfahrungen zu zentralisieren, alles, was geschieht, zu personalisieren. Die Welt ist unterteilt in "ich, mein, du, dein".

Nun, es ist nichts falsch daran, etwas zu tun; solange wir bereit sind, den Preis für unser Tun zu akzeptieren. Ganz einfach gesagt, beinhaltet dieser Preis die Schaffung und Unterstützung dessen, was wir ablehnen. Wir mögen glauben, dass wir Frieden wollen, aber wir können ihn nicht ohne sein Gegenteil haben, denn ohne Widerstand kann es einfach keinen Frieden geben. Je mehr wir für etwas kämpfen, desto mehr Energie geben wir ihm und desto mehr Energie geben wir seinem Gegenteil.

Das ist also das Dilemma: etwas zu erreichen, ohne sein Gegenteil zu erschaffen. Auch wenn dies ein Ding der Unmöglichkeit sein mag, so sollte es doch zumindest möglich sein, die Extreme des polarisierten Bewusstseins, die zu Konflikten führen, deutlich zu reduzieren.

Und dafür müssen wir zurück zum Anfang gehen — nun, nicht wirklich zum Anfang, denn es gibt keinen Punkt, von dem wir sagen können: "Das ist der Anfang von allem." Stattdessen müssen wir einfach einen Punkt auswählen, wissend, dass es nicht der wahre Anfang ist und die Geschichte von dort aus weiterführen.

Der menschliche Lebenszyklus und konditioniertes Denken

Für unsere Zwecke scheint die Empfängnis ein guter Punkt zu sein, um anzufangen. Ein Kind wird gezeugt, aus Liebe, wie man hofft, aus dem Wunsch nach einem Kind und nicht wegen eines "Fehlers". Aus welchem Grund auch immer, ein weiteres Leben beginnt (oder geht weiter). Ein weiterer Körper wurde erschaffen — aber ist es ein weiteres Leben? Oder ist es eher so, dass ein weiteres Gefäss geschaffen wurde, welches ein Reisender für einen kurzen Moment in Zeit und Raum (in der dritten Dimension von Zeit und Raum) für sich in Anspruch nehmen kann?

Menschen phantasieren oft über das Leben vor oder nach dem Tod. Abhängig von den konditionierten Überzeugungen, die man auf dem Weg erworben hat, bilden diese Fantasien, diese emotionalen Vorstellungen die Basis, auf der Gedanken und Überzeugungen aufgebaut werden. In der Tat, auf denen ganze Realitäten aufgebaut werden!

Für die Zwecke dieses Buches wollen wir einfach sagen, dass es einen Aspekt des Selbst gibt, der ewig ist und jenseits dieses physischen Bereichs existiert. Dies ist die *Seele* oder der *Geist* — nenne es, wie du willst, wie es dir beigebracht worden ist. Du hast keine Wahl in dieser Angelegenheit; jede Wahl, die wir glauben zu haben, um das Unbenennbare zu benennen, ist nicht wirklich eine Wahl, weil wir ein Produkt unserer Umgebung sind — unsere Wahlmöglichkeiten sind durch Konditionierung begrenzt. Mehr dazu später.

Also, um fortzufahren, an einem gewissen Punkt bewohnt eine Seele eine physische Form. Es gibt verschiedene Ansichten darüber, wann genau dies geschieht. Der Zeitpunkt dieses Ereignisses — wann die Seele in die physische Form eintritt — ist wahrscheinlich nicht so wichtig, wenn man das Gesamtbild betrachtet. Alles was zählt, ist, dass es passiert. Wenn in dieser Welt keine offensichtliche Verbindung besteht zu den Erinnerungen der Vorfahren, sollten wir da den Seelenaspekt nicht anerkennen? Wie sonst könnten wir verschiedene Phänomene, verschiedene Eigenschaften, Verhaltensweisen, Wissen, in einer Welt des Tuns erklären?

Die Welt, in die das Kind hineingeboren wird, ist ein Ort der Dualität, des polarisierten Denkens, eine Welt des Tuns, des Schaffens. Während das Bedürfnis, irgendetwas zu "tun", weiterhin in unserem Sein aufsteigt, wird die Welt, die wir bewohnen, von diesem Bedürfnis beeinflusst bleiben, weil es ausgedrückt wird und zur Schöpfung der sich manifestierenden Welt beisteuert. Jede Ladung, die um das "Bedürfnis" des "Tuns" herum existiert, ist das Produkt unserer konditionierten Vergangenheit und des Ausmasses, in dem wir diese Vergangenheit persönlich genommen haben. Das Bedürfnis zu tun ist eine Sehnsucht und jede Sehnsucht trägt eine energetische Ladung. Wir beschreiben diese Energie, diese *Ladung* etwas später im Detail.

Dieses Bedürfnis zu tun entsteht aus konditionierten Urteilen, aus konditionierten Vorlieben. Vorlieben entstehen und existieren, ebenso wie Urteile, durch eine Persönlichkeit, die sehr stark auf das Selbst fokussiert ist, aus einer egozentrischen Sichtweise heraus. Dies scheint ein natürlicher Zustand der menschlichen Verfassung zu sein. Aber — es scheint nur der natürliche Zustand zu sein, weil wir ihn nur von einem begrenzten Standpunkt aus sehen können und, wie im weiteren Verlauf dieser Ausführung deutlich werden wird, ist nicht alles so, wie es zu sein scheint.

Angenommen, eine Seele ist in die physische Welt eingetreten und hat sich im Körper eines Kindes niedergelassen, dann ist es nicht allzu schwer, sich vorzustellen — wenn die Seele ewig ist, wenn sie jenseits des physischen Todes existiert — dass sie schon einmal hier gewesen ist. Natürlich nicht in demselben Körper, sondern in einem "früheren Körper", in dem die Seele eine Erfahrung machen durfte. Es ist auch möglich, dass die Seele eine Erinnerung an diese Erfahrung hat. Ich bezweifle nicht, dass die Seele Erinnerungen an frühere Erfahrungen hat; aber ob der neue Körper Zugang zu diesen Erinnerungen hat, ist strittig und individuell einzigartig, abhängig von der bewussten Wahrnehmung der gesamten Einheit: Körper und Seele.

So erkennst du nun die Schwierigkeit, einen Startpunkt zu finden, einen Ort, an dem wir unsere Reise beginnen können. Wenn die Seele ewig ist, dann kann es weder einen Anfang noch ein Ende geben. Anders als der physische Körper, der sich manifestiert und einen Anfang und, entsprechend seinem Verfallsdatum, ein Ende hat, lebt die Seele weiter. Aber vielleicht ist "lebt" nicht das richtige Wort, denn wir assoziieren Leben mit dem Leben, wie wir es derzeit auf der Erde kennen. Die Seele "existiert", jenseits der Zeit, jenseits des Raumes.

Das ist ähnlich wie mit dem "Geist". Der Geist wird derzeit als "nicht-lokal" angesehen, was bedeutet, dass er auch nicht auf Zeit und Raum beschränkt ist. Der Geist lässt sich nicht auf das Hier und Jetzt beschränken, nicht auf einen bestimmten Ort und auch nicht auf eine Person, die behauptet, einen Geist zu haben. Der Geist ist, ganz einfach ausgedrückt, überall und zur gleichen Zeit.

Wenn ich mich also auf "Geist" als "mein Geist" beziehe, ist das nur ein Produkt des Egos, das von sich selbst annimmt, getrennt, isoliert, individuell zu sein. Und dieses Ego, diese egozentrische Sichtweise, ist der fundamentale Fehler im Denken, aus dem der Konflikt entsteht. Ausgehend von diesem Glauben erscheint die Notwendigkeit, etwas zu tun, logisch.

Aber nun zurück zum ungeborenen Kind.

Wie wir bereits gesagt haben, sind Begehren und Sehnsüchte Formen der energetischen Aufladung. Es hilft, wenn wir die Natur und die Bedeutung von Begehren als energetische Ladung verstehen. Um ein ziemlich offensichtliches Beispiel für Begehren als Ladung zu verwenden, können wir den Akt der sexuellen Vereinigung, der ein neues Leben hervorbringt, als einen Akt des Begehrens interpretieren, ein Begehren, das sich aufbaut, genau wie eine energetische Ladung sich aufbaut, bevor sie den Widerstand überwindet. Das Verlangen nach sexueller Vereinigung wächst (hoffentlich als ein gegenseitiger Prozess), bis die Ladung durch den Orgasmus freigesetzt wird. Dies kann ein neues Leben hervorbringen oder auch nicht.

Angenommen, es wird ein neues Leben gezeugt, wissen wir, dass das Ungeborene bereits verschiedene Aspekte seiner Eltern geerbt hat. Darüber hinaus hat die Seele des Ungeborenen auch eine andere Geschichte mitgebracht. Stell dir vor, dass das noch ungeborene Kind in seiner Natur energetisch ist. Es hat verschiedene Muster, die noch unentwickelt sind, aber das Gerüst ist da. Es gibt kein Gefühl der Trennung. Das ungeborene Baby beziehungsweise das Neugeborene erlebt die ersten Tage seines Lebens indirekt durch die Energie seiner Mutter. Das ungeborene Baby reagiert auf Emotionen und, offensichtlich, je stärker die Emotion, desto mehr Wirkung hat sie auf das Kind. Das Kind beurteilt diese Emotionen nicht als gut oder schlecht. Erinnere dich daran, dass es noch kein Gefühl der Trennung gibt, kein kleines Ego, das seine Rechte einfordert. Es ist nur ein kleines Wesen, das eins mit seiner Mutter ist und auf die Signale der Umwelt reagiert.

Das Baby mag seine Erfahrungen nicht beurteilen, aber es wird trotzdem von ihnen beeinflusst. Alle Erfahrungen formen, wer wir glauben zu sein. Wenn die werdende Mutter ein körperliches oder emotionales Trauma erlebt, dann wird das Kind davon betroffen sein. Diese Auswirkung mag im späteren

Leben schwer zu erkennen sein, weil sie im Gesamtbild verloren geht; im Laufe des Lebens wird es schwieriger, die Ursache für bestimmte Verhaltensmuster zu erkennen, wann sie anfingen oder woher sie kamen.

In den ersten Lebensjahren des Kindes wird es von seinem Umfeld beeinflusst. Und mit Umfeld kannst du Eltern, Geschwister, Verwandte, Freunde, Feinde, den religiösen Glauben der Eltern, die soziale Stellung und Konditionierung der Eltern und auf welcher Strassenseite du geboren bist, mit einbeziehen. Dazu kannst du auch die verschiedenen Erdenergien in deiner unmittelbaren Umgebung hinzufügen, die Energien der Technologien, die Energie der Vorfahren und die Werte der Gesellschaft, in die du hineingeboren wurdest. Mit anderen Worten, die ganze Sache. Aber, vielleicht am wichtigsten von allem, was dich zu "dir" macht, ist, wie dir beigebracht wurde, mit den Herausforderungen des Lebens umzugehen. Wurdest du durch bewusste Handlungen gelehrt oder, wie es oft der Fall ist, durch subtilere Kanäle des Lernens: durch Beobachtung, wie die Menschen um dich herum mit Situationen umgehen; durch Zuhören, nicht nur auf die Worte, sondern auf die Emotionen, die hinter den Worten stecken. Und durch Erfahrung; durch die Belohnungen und Bestrafungen, die du für deine Worte und Taten erhältst.

Wenn du als Kind Wertschätzung erfährst und diese Bestätigung oft wiederholt wird, wächst du zu einem Menschen mit gesundem Selbstwertgefühl heran. Wenn man dir sagt, dass du Erfolg haben kannst, ist die Wahrscheinlichkeit grösser, dass du in der Welt Erfolg hast, als wenn man dir sagt, dass du wertlos, hilflos oder nutzlos bist. Dies sind die äusseren Zeichen der frühen Konditionierung. Aber es gibt auch tiefere, versteckte Ergebnisse dieser Konditionierung. Sicherlich ganz oben auf der Liste steht die Art und Weise, wie dir beigebracht wird, mit Informationen umzugehen.

Der Übergang von einem Zustand ohne Trennung, wie bei den Ungeborenen, zu einem akzeptierten Zustand der Trennung ist ein allmählicher Prozess. Uns werden die Konzepte von ich, mein, du, dein gelehrt: "Das ist meine Eisenbahn, meine Puppe." Und diese Anhaftung an und Identifikation mit Objekten beginnt uns zu definieren, zusammen mit "unseren" Ideen, "unseren" Werten, "unseren" Urteilen. Dies sind alles Aspekte der sich entwickelnden Persönlichkeit.

Zu der Mischung, die schliesslich die Person, die Persönlichkeit, formt, kommen die Erinnerungen/Ladungen, die die Seele in unser Leben eingebracht hat, die wir *Seelenerinnerung* oder *Geist* nennen können und wir haben die DNS, die wir von unseren Eltern geerbt haben und die unser physisches Selbst formt. Mit dieser elterlichen DNS wird jede unerledigte Aufgabe oder Ladung, die die Eltern in sich trugen und die nicht vor der Empfängnis des Kindes losgelassen wurde, ebenfalls an das Kind weitergegeben. Ich habe die Erfahrung gemacht, dass jede angesammelte Ladung losgelassen werden muss. Wenn die Eltern nicht in der Lage sind, die Ladung loszulassen, dann liegt es an ihren Kindern, dies zu tun. Hinzu kommt jedes körperliche oder emotionale Trauma, das die Mutter während ihrer Schwangerschaft erlebt hat und jedes Trauma, das rund um die Geburt selbst auftritt. Wir müssen also verstehen, dass alles, was in den ersten Tagen, Monaten und Jahren des Lebens passiert ist, unsere Beziehung zur Welt geprägt hat und beeinflusst, wie wir Dinge sehen und damit umgehen.

Wie wir bereits besprochen haben, hat das Neugeborene wenig Sinn für Trennung, weil es noch keine Bindung zu seinen

Erfahrungen entwickelt hat. Die Trennung kommt allmählich, wenn das Kind in die physische Welt eingeführt wird — eine Welt der Geräusche, der Farben, der Gefühle, der Hitze, der Kälte, des Hungers und der Sättigung. Langsam entstehen Gedanken des Mögens und Nicht-Mögens, eine Identifikation mit Gefühlen, eine Bindung an Objekte. Damit das Kind diese Dinge wahrnehmen kann, muss es jemanden geben, der von diesen Erfahrungen getrennt ist.

Langsam werden wir in die menschliche Erfahrung integriert. Mit fortgesetzter Konditionierung, manchmal auch Erziehung genannt, entwickelt sich unsere Persönlichkeit. Von den frühen Jahren der Akzeptanz und des Nicht-Urteilens her, bewegen wir uns langsam in einen Zustand der Trennung. Dies wird täglich bekräftigt, vor allem, aber nicht nur, durch unsere Eltern, die selbst durch die gleiche Trennungserfahrung gingen, um individuelle Wesen zu werden. Sie glaubten ihrerseits, wie wir auch, dass sie individuelle Gedanken dachten.

Unsere Eltern lernten die Trennung, die soziale Konditionierung, die Werte von richtig und falsch, gut und schlecht, von ihren Eltern und den gesellschaftlichen Werten, die zu der Zeit, als sie geboren wurden und aufwuchsen, aktuell waren. Diese ererbten Werte werden selten in Frage gestellt. Wir mögen manchmal glauben, dass wir gegen die elterliche Konditionierung rebellieren, aber wir reagieren immer noch aus unserer Konditionierung heraus, aus unseren Erfahrungen, basierend auf den grundlegenden Werten, die wir von unseren Eltern geerbt haben — die sie, ohne zu hinterfragen, von ihren Eltern geerbt haben.

Das ist vielleicht die grösste Herausforderung, vor der wir alle heute stehen: was auch immer wir versuchen zu tun, um unser Leben zu verändern, wir agieren weiterhin innerhalb bestimmter Grenzen. Es ist, als ob wir innerhalb einer grossen Box leben und diese Box unsere Welt nennen würden. Was auch immer wir uns an Veränderungen wünschen, sind Produkte der Lebensweise, die in dieser Box enthalten ist. Das, was die Box erschafft, ist genau das, dem wir entkommen wollen. Aber egal, was wir versuchen zu tun, es bleibt ein Produkt der Gedanken, Emotionen und Vorstellungen, die in der Box enthalten sind. Veränderungen innerhalb dieser Parameter sind keine wirkliche Veränderungen, sondern lediglich Modifikationen und Manipulationen eines etablierten Systems.

Jede echte Veränderung muss von ausserhalb der Box kommen. Um "ausserhalb der Box zu denken", muss man alle vorgefassten Meinungen über die Box loslassen.

Das ist nicht so einfach, denn es liegt in der Natur der Box, eine Welt zu erzeugen, die wir für real halten. Wir werden blind für die Ursprünge eines jeden Glaubens, den wir haben, wie diese Realität erschaffen worden war und wir akzeptieren sie einfach als real. Die meisten Konditionierungen, die wir während des Aufwachsens durchlaufen, sind nicht bewusster Natur. Es ist nicht etwas, auf das wir zeigen und sagen können: "Wegen jenem glaube ich dieses." Wir sind uns nicht wirklich bewusst, warum wir Entscheidungen treffen, wir sind uns unseres inneren Entscheidungsprozesses nicht vollständig bewusst. Wir mögen denken, dass wir es sind, aber der eigentliche Prozess des Hinterfragens ist bereits Teil eines konditionierten Verstandes. *Der konditionierte Verstand glaubt, dass er selbst das Sagen hat.*

Die frühen unterbewussten Muster, mit denen wir uns als Kind auseinandersetzen mussten — Emotionen, unausgesprochene Gefühle, mentale Einstellungen,

Antworten/Reaktionen auf Umweltfaktoren, von denen uns viele auch heute noch nicht bewusst sind — haben die einzigartige Art und Weise etabliert, in der wir mit dem umgehen, was/wer in unserem Leben auftaucht. Viele Entscheidungen treffen wir nicht bewusst; sie werden getroffen, bevor wir uns der Notwendigkeit einer Entscheidung überhaupt bewusst werden. Das liegt daran, dass der Körper als Ergebnis früher Konditionierung bestimmte Wege entwickelt hat, zu reagieren und zu antworten. Wir sind einfach Opfer dieser Konditionierung.

Ein wichtiger Teil dieser Konditionierung ist, dass wir das sehen, worauf wir konditioniert wurden und was wir zu sehen erwarten. Als Beispiel habe ich vor einigen Jahren mit einem jungen Mann gearbeitet. Er erzählte mir, dass er überall, wo er hingeht, Menschen kämpfen sieht. Ich sagte, dass das eine interessante Welt sein muss, in der er lebt, denn ich sehe niemals Menschen, die überall kämpfen, wo ich hingehe. "Aber das musst du doch", beharrte er, "sie sind überall." Sie mögen in seiner Realität überall sein, aber nicht in meiner. Aus welchem Grund auch immer, dieser junge Mann ist in einer gewalttätigen Welt aufgewachsen. So sehr, dass er erwartet, überall und jederzeit Zeuge von Gewalt zu werden. Und das tut er auch. Er sieht die Welt als einen wütenden, gewalttätigen Ort. Er ist dann gezwungen, dieser Gewalt mit noch mehr Gewalt zu begegnen.

Dies ist kein Einzelfall! Wir alle sehen, was wir zu sehen erwarten. Vielleicht in den meisten Fällen nicht so extrem wie in diesem Beispiel, aber — und das ist wirklich wichtig — unsere Weltsicht wird durch unsere unterbewusste Konditionierung geformt.

Energie, Emotionen und Weltanschauung

Es ist auch hilfreich zu verstehen, dass, wenn es in unserer Weltanschauung Aspekte gibt, mit denen wir unglücklich oder unzufrieden sind, wenn wir demzufolge versuchen, die sich manifestierende Realität zu verändern, zu modifizieren oder zu manipulieren, wir dies aus derselben Weltanschauung heraus tun, die genau die Themen erschaffen hat, die wir zuvor als problematisch angesehen haben.

Unsere Weltanschauung ist oft sehr komplex. Sie ist nicht wirklich schwarz und weiss, sondern besteht aus vielen Grautönen und ist einzigartig für jeden von uns. Wir suchen uns vielleicht andere mit ähnlichen Weltanschauungen, weil es ein (wenn auch falsches) Gefühl der Sicherheit in der Menge gibt. Doch selbst innerhalb gleichgesinnter Gruppen gibt es Meinungsverschiedenheiten zu bestimmten Themen.

Je mehr wir polarisiert sind, je mehr wir an unserer wertenden Sichtweise festhalten, desto mehr nehmen wir die Notwendigkeit wahr, etwas tun zu müssen, um die Situation zu "reparieren". Dieser Prozess zielt oft auf diejenigen ab, von denen wir glauben, dass sie einen Standpunkt vertreten, der unserem Standpunkt entgegengesetzt ist. Wir brauchen jemanden, dem wir die Schuld geben können, wir brauchen ein Ziel für unsere eigene Aggression. Jeder Akt des Tuns bewirkt, energetisch gesehen, einen Rückprall. Es ist nicht möglich, Energie in etwas zu stecken — eine Idee, ein Konzept, eine Handlung — ohne dass es einen gleichwertigen, entgegengesetzten Effekt hat. Wenn wir also einer Idee Energie geben, verstärkt sie unsere Wahrnehmung dieser Idee; aber sie bestärkt auch diejenigen, die in Opposition zu unserer Idee stehen.

Um dies auf der menschlichen, physischen Ebene zu verstehen, müssen wir wissen, was passiert, wenn sich zwei

Menschen treffen. Ohne jegliche verbale Kommunikation findet ein energetischer Austausch statt. Ich vermute, dass die meisten Menschen wissen, dass das Gehirn und das Herz elektrische Felder erzeugen, die in einer gewissen Entfernung vom Körper messbar sind. Das Gehirn und das Herz werden hier als Beispiele verwendet, weil sie die stärksten messbaren Felder im Körper sind, aber wenn wir ein paar Schritte zurücktreten und eine Emotion als energetische Übertragung sehen, dann beginnen wir zu erkennen, dass alle Teile des Körpers, jede Zelle, ihre eigene einzigartige Aufgabe hat, die als ein physischer Aspekt des Körpers definiert ist, ob es eine Nervenzelle, Blutzelle, Hautzelle, Nierenzelle oder ähnliches ist. (Das ist natürlich eine grobe Verallgemeinerung, denn es gibt viele verschiedene Arten von Zellen, aus denen zum Beispiel die Niere besteht und jeder Teil der Niere hat seine eigenen einzigartigen Eigenschaften. Für unsere Zwecke ist jedoch eine vereinfachte allgemeine Vorstellung ausreichend.)

Jede definierte Zelle — jede Zelle, die eine bestimmte Aufgabe hat — hat ihre eigene, einzigartige Frequenz. Um dies zu verstehen, stelle dir jede Zelle als einen Miniatursender von Energie/Information vor. Kombiniere Billionen von Zellen, die alle auf ihrer eigenen Frequenz senden und wir haben ein Energie-/Informationsfeld, das den Körper umgibt. Zugegeben, die meisten dieser Frequenzen sind so schwach, dass sie für das menschliche Nervensystem nicht wahrnehmbar sind. Nicht wahrnehmbar, bis wir die Anzahl der Zellen, die eine bestimmte Frequenz übertragen, erhöhen.

Es liegt auf der Hand, dass je mehr Energie einer bestimmten Frequenz zugeführt wird, desto auffälliger diese Frequenz wird. Lass uns Angst als Beispiel nehmen, davon scheint es in diesen Tagen eine Menge zu geben! Wenn du, aus welchem Grund auch immer, eine ängstliche Veranlagung hast, eine Tendenz zur Angst, dann wirst du empfänglicher für die energetische Übertragung von Angst sein als jemand, der keine ängstliche Veranlagung hat. Vielleicht hat sich dein Körper aufgrund eines Traumas in der frühen Kindheit darauf programmiert, schnell und intensiv zu reagieren, wenn er mit beängstigenden Situationen konfrontiert wird.

Einfach gesagt, wenn ein externes Signal durch deine Umgebung läuft, gehen die Neuronen in deinem Gehirn in einen festgelegten Vorgang über und produzieren bestimmte Chemikalien. (Ich vereinfache hier natürlich wieder sehr.) Wenn diese Chemikalien Angst in dir auslösen, dann erzeugen sie schnell das körperliche Gefühl von Angst. Das verursacht sofort Unbehagen. Der Grad des Unbehagens hängt von der Menge der produzierten Chemikalie ab, was wiederum davon abhängt, wie wir in der Vergangenheit mit diesen Chemikalien, die sich als Gefühle manifestieren, umgegangen sind oder eben nicht umgegangen sind.

Wann immer wir Angst oder ein anderes Gefühl erleben, haben wir gelernt, uns mit diesem Gefühl zu identifizieren. In diesem Fall: "Ich fühle mich ängstlich." Eine übliche Aussage für die meisten Menschen: Ich fühle dies, ich habe Kopfschmerzen, mir ist übel, ich bin dies, ich bin das. Je mehr wir uns mit der Angst identifizieren, desto ängstlicher werden wir. Wenn wir das Gefühl in Ruhe lassen würden, würde das Gefühl der Angst schnell aus dem Körper verschwinden, aber unsere ständige Bestätigung, dass die Angst "unsere" ist, veranlasst das Gehirn einfach dazu, mehr von dieser bestimmten Chemikalie zu produzieren, was wiederum garantiert, dass das Gefühl nicht nur bestehen bleibt, sondern sich sogar noch verstärkt.

Wenn wir das erkennen, müssen wir uns fragen, warum Menschen sich immer noch mit der Angst verbinden. In erster Linie, so vermute ich, liegt es daran, dass dies eine tief verankerte Routine ist, die sich in uns etabliert hat, oft ohne unser bewusstes Zutun, welche ständig im Hintergrund abläuft. Wir bleiben Opfer dieser Konditionierung: Bis das Gefühl der Angst offensichtlich wird, haben wir uns darin verloren, es hat uns übernommen und wir sind diesem Gefühl ausgeliefert. Ein Gefühl, das im Wesentlichen eine Verschiebung im chemischen Gleichgewicht des Körpers ist.

Wenn unser Körper angstvoll wird, verändert sich die Energie, die wir übertragen. Je ängstlicher wir werden, desto stärker ist die energetische Übertragung der ausgestrahlten Angst. Hast du jemals einen Raum betreten, in dem zwei oder mehr Menschen zuvor einen intensiven Streit hatten? Die Gefühle, die du aufnimmst, sind einfach die Überbleibsel des Konflikts (vorausgesetzt, der Streit ist beendet). Dieses schwere Gefühl bleibt für eine Weile in der Umgebung hängen, wobei die Länge der Zeit von der Intensität der Emotion und bestimmten Umgebungsbedingungen abhängt.

Wenn wir eine erhöhte Anfälligkeit für Angst haben und wir uns in eine Umgebung begeben, die reich an Signalen ist, die wir mit Angst assoziieren, dann reagiert unser Körper automatisch. Unser System reagiert fast sofort auf seine Umgebung und produziert die Chemikalien, die mit Angst assoziiert werden. Diese gelangen dann in unsere Zellen und erzeugen in uns das Gefühl der Angst. Jetzt fühlen wir uns ängstlich. Es mag keine rationale Erklärung dafür geben, warum wir uns ängstlich fühlen, wir tun es einfach.

Weil wir darauf konditioniert sind, uns mit Emotionen zu identifizieren, nehmen wir sie persönlich. Dieser

Identifikationsprozess führt dazu, dass unser Gehirn mehr von der gleichen Chemikalie produziert und so das Gefühl, die Emotion, verstärkt. Sobald sich die Chemie des Körpers verändert, verändert sich auch die Information, die wir ausstrahlen/übertragen. Zum Beispiel wechseln wir von einer neutralen Ausstrahlung schnell zu einer Ausstrahlung von Angst. Unser Körper hat ein Signal aus der Umgebung aufgenommen, das möglicherweise von einer oder mehreren anderen Personen in dieser Umgebung erzeugt worden war. Durch den einfachen Akt der Identifikation mit dieser Emotion, produzieren wir mehr von der Chemikalie, die mit ihr verbunden ist. Das hat den Effekt, dass sich die Energie, die wir aussenden, schnell verändert, was das Gefühl der Angst in der Umgebung verstärkt. Nun fangen andere in dieser Umgebung an, das Gefühl der Angst aufzugreifen, weil wir als Verstärkerstation fungiert haben und das Hintergrundgefühl der Angst intensiviert haben.

Je mehr Menschen auf dieses Gefühl reagieren, desto schwieriger ist es für andere, die vielleicht weniger anfällig für Angst sind, es zu vermeiden. Denke daran, dass es nicht nur Angst ist, die sich ausbreitet und die Menschen auf diese Weise beeinflusst. Jede Emotion, mit der wir uns identifizieren und der wir unsere Energie geben, breitet sich genauso schnell aus und wirkt sich auf alle um uns herum aus, besonders auf diejenigen, die eine Veranlagung für diese spezielle Emotion haben. Furcht und Massenpanik sind offensichtliche Beispiele.

Wir identifizieren uns nicht nur persönlich mit allen möglichen Emotionen, sondern wenn wir das tun, laden wir diese Emotion auf, die dann die Fähigkeit hat, mehr Menschen zu beeinflussen. Grösstenteils tun wir dies ohne Bewusstsein oder bewusste Beteiligung. Es kann sein, dass wir in der Vergangenheit etwas erlebt haben, das einen hochgradig angstvollen Zustand erzeugt hat, der dann in seiner Intensität gewachsen ist, einfach durch die Konditionierung, die uns davon überzeugt, dass die Emotion unsere ist, dass sie irgendwie zu uns gehört.

Stell dir für einen Moment lang einen Radioempfänger vor. Das eingeschaltete und eingestellte Radio empfängt bestimmte Radiowellen. Das Radio wertet dann die Signale aus und gibt Töne wieder, die wir erkennen können. Der Körper macht das Gleiche. Der menschliche Körper ist ein wunderbares Gerät, um Signale aus seiner Umgebung aufzunehmen und auszuwerten. Zusätzlich zu Klang und Anblick, Berührung, Geschmack und Geruch reagiert der Körper auf die unsichtbaren Frequenzen, die von anderen Menschen, von der Technik oder von der Erde selbst erzeugt werden. Wenn der Körper ein Signal aufnimmt, wird eine neurologische Verbindung hergestellt — Neuronen feuern und Neuropeptide werden produziert. Diese Neuropeptide werden verarbeitet und werden zu Aminosäuren, den Bausteinen des Lebens, die sich im Körper verbreiten und in bestimmte Zellen eindringen, wo sie als ein Gefühl, entweder emotional oder physisch, interpretiert werden.

Die Signale, die das Radio aufnimmt, "gehören" nicht dem Radio; das Radio ist nur das Gerät, das das Signal aufnimmt und es übersetzt. So ist es auch mit dem Körper. Der Körper nimmt Signale/Frequenzen/Informationen aus seiner Umgebung auf, die u.a. von Menschen, der Erde oder der Technologie stammen. Der Körper interpretiert diese Signale (oder Geräusche, Anblicke, etc.), indem er verschiedene Chemikalien produziert und wir werten dann das Gefühl aus und geben ihm einen Namen (in unserem Beispiel: Angst!).

Der grosse Unterschied zwischen der Funktionsweise des Radios und derjenigen des menschlichen Körpers ist, dass der Körper dazu neigt, die Emotion persönlich zu nehmen oder sich mit ihr zu identifizieren. Er gibt der Emotion Energie und wird zu dieser Emotion. Das Radio bleibt neutral.

Stell dir vor, du sitzt ruhig und entspannt in einem Raum. Jemand — es könnte jemand sein, den du kennst oder ein Fremder — betritt den Raum. Während du in Ruhe sitzt, ist deine Energie oft ruhig und aufnahmefähig. Nun stelle dir vor, dass der Neuankömmling wütend ist, verärgert oder aber extrem ängstlich. Das Energie-/Informations-/Frequenzpaket, das er übermittelt, veranlasst deinen Körper, zu reagieren. Sehr schnell feuern deine Neuronen, Chemikalien werden von deinem Gehirn erzeugt und überfluten deinen Körper. Aus der Ruhe kommend, fühlst du fast augenblicklich Unbehagen als Ergebnis der Chemikalien, die dein Gehirn erzeugt und freigesetzt hat.

Du weisst, dass du dich gut gefühlt hast, bevor diese andere Person den Raum betrat. Deine Konditionierung identifiziert die andere Person als das Problem und dies führt dazu, dass du deine Gefühle des Unbehagens auf die andere Person schiebst. Das hat den Effekt, dass du mehr Chemikalien, die mit Unwohlsein assoziiert sind, in deinem Körper erzeugst und deine ständige Identifikation mit diesen Chemikalien/Gefühlen als deine eigenen, verstärkt das Gefühl des Unwohlseins.

Das hat den Nebeneffekt, dass du die Energie deiner eigenen Übertragung von Unbehagen erhöhst und das hat unweigerlich Auswirkungen auf die andere Person. Jetzt werden ihre eigenen Unsicherheiten, ihre eigenen Ängste und Befürchtungen in grösserem Masse ausgelöst. Denke daran, dass noch immer kein Wort gesprochen worden ist. Da es in der menschlichen Natur/Konditionierung liegt, Probleme nach aussen zu tragen, gibt die andere Person nun dir die Schuld für ihr Unbehagen.

Dieser Kreislauf der Identifikation mit dem Unbehagen und der Schuldzuweisung garantiert so ziemlich den Aufbau von Spannung und Ladung, die, wenn sie nicht auf sichere und sanfte Weise aufgelöst wird, zu Gewalt führen kann. Und dieses Hinzufügen von Ladung ist nicht das einzige Problem, das entsteht, wenn wir Gefühle/Emotionen persönlich nehmen.

Wenn wir uns auf eine bestimmte Emotion konzentrieren, dann entwickeln die Zellen im Körper mehr Rezeptoren für genau diese Emotion. Jedes Mal, wenn sich eine Zelle teilt, gibt es also mehr und mehr Rezeptoren für die Chemikalie, die mit dieser Emotion verbunden ist. Um mit unserem Beispiel fortzufahren, ist das ein Grund dafür, dass wir eine starke Reaktion auf jegliche Signale haben können, die Angst auslösen: Es gibt so viele Rezeptoren auf der Zelle für diese Chemikalie, dass das überwältigende Gefühl der Angst sofort da ist. Es gibt keinen Moment Zeitaufschub, der dir ermöglichen würde, zu wählen, ob du Angst hast oder nicht!

Es gibt nur eine begrenzte Menge an Platz an der Zellwand für alle Rezeptoren, also scheint es logisch, dass, wenn du die Zelle mit Rezeptoren für Angst füllst, es weniger Platz für andere Rezeptoren geben wird. Eine Folge davon ist eine verringerte Fähigkeit, ein breiteres Spektrum an Emotionen zu fühlen, was sich dadurch äussern kann, dass sich das Herz für bestimmte Emotionen verschliesst und der Körper nicht mehr in der Lage ist, bestimmte Dinge zu fühlen. Logisch, je weniger Rezeptoren für ein bestimmtes Gefühl vorhanden sind, desto weniger stark wird dieses Gefühl sein, desto weniger spürbar ist es.

Eine übermässige Anzahl von Rezeptoren für ein bestimmtes Gefühl wird auch verhindern, dass die Zelle optimal funktioniert. Es wird die Fähigkeit des Körpers beeinträchtigen, Zellen auf eine gesunde Art und Weise weiter zu reproduzieren. Es ist sogar möglich, dass diese Identifikation mit einer begrenzten Anzahl von Gefühlen und die beeinträchtigte Fähigkeit der Zellen, sich auf gesunde Weise zu reproduzieren, die Grundursache für die meisten, wenn nicht alle Krankheiten des Körpers sein könnte.

Das Essen und Trinken, das du deinem Körper zuführst, hat ebenfalls einen Einfluss auf die Gesundheit, genauso wie dein Lebensstil. Die Informationen, die du von deinen Eltern geerbt hast, spielen auch eine grosse Rolle dabei, wie gesund du bist und welche Art von Lebensstil du führst.

Doch abgesehen von diesen offensichtlichen Auswirkungen auf die Gesundheit, ist es vielleicht noch wichtiger, wie der Körper auf das Essen, Trinken und den Lebensstil reagiert. Wie wir reagieren, ist oft ein Teil der unterbewussten Konditionierung, die wir im Mutterleib und in den ersten Jahren nach der Geburt erhalten. Wir lernen von unserer Umgebung. Einige scheinen manche Aspekte des Lebens schneller zu lernen als andere. Manche fühlen sich in Beziehungen wohl, andere weniger. Manche sind musikalisch veranlagt, andere klanglich unbegabt. Ich glaube, dass ein Grossteil der Gründe für bestimmte Fähigkeiten und Begabungen, abgesehen von den genetischen Informationen, die weitergegeben wurden, die einzigartige Reise und die Erinnerungen jeder Seele sind.

Das würde bedeuten, dass es eine Art von Fortsetzung gibt, etwas, das die verschiedenen physischen Leben miteinander verbindet. Wenn das der Fall ist, dann ist es die Summe der Erfahrungen plus die genetische Abstammung, die zur

Persönlichkeit des Neugeborenen beiträgt. Das Kind hat also bereits bestimmte Erinnerungen von Seele und Vorfahren, auf denen sein neues Leben aufbaut. Doch wenn wir all diese Gründe oder Erklärungen für die Bausteine unserer Erfahrung momentan beiseitelassen, bleibt immer noch die Tatsache, dass wir aus dem Nicht-Physischen ins Physische übergehen. Was wir hierhin mitnehmen, liefert die Vorlage, auf welcher sich das Leben entfalten wird.

Konditionierte Wahrnehmung vs. Veränderung

Aus welchen Gründen auch immer, werden Kinder in bestimmte Zeiten und Orte hineingeboren. Wie sich ein bestimmtes Kind entwickelt, hängt von seinen Erinnerungen ab und davon, wie es gelehrt wird, mit seiner Umgebung umzugehen. Aber egal, was ihm beigebracht wird, entweder durch bewusstes Mitteilen oder durch unterbewusste Muster, es lernt immer noch ähnliche Lektionen wie alle, die in diese physische Realität geboren werden. Es lernt die primäre Lektion: Wie man überlebt.

Wenn unsere frühen Jahre als privilegiert beurteilt werden könnten, dann werden wir bestimmte Verhaltensweisen von denen um uns herum erwarten. Wenn wir unsere frühen Jahre in einer ängstlichen Umgebung verbracht haben, in einer Umgebung, in der die Grundbedürfnisse scheinbar nicht erfüllt wurden, dann wird unser Leben das widerspiegeln und es wird immer Angst und Mangel in unserer Welt geben.

Unsere Weltanschauung beruht auf unserer konditionierten Wahrnehmung. Es ist also eine konditionierte Vorstellung. Nicht mehr und nicht weniger. Wenn unsere konditionierte Vorstellung die Welt erschafft, in der wir leben, dann können wir diese Welt verändern, indem wir unsere Vorstellung verändern.

Leichter gesagt als getan.

Ich habe die Erfahrung gemacht, dass von all den Menschen, die mir gesagt haben, sie seien bereit für Veränderung, keiner es war. Sie wünschten sich Veränderung, fühlten, dass sie Veränderung verdienten, wollten verzweifelt Veränderung. Doch nichts in ihrem Leben hat sich verändert. Warum ist das so? Mit all den Informationen, die heute verfügbar sind, wie man sich verändert, wie man mehr von etwas Gewünschtem in sein Leben zieht, wie man etwas wird — funktioniert irgendetwas davon tatsächlich?

Erschaffen positive Affirmationen eine andere Welt? Was bedeutet es, "sich zu verändern"?

In Anbetracht unserer einzigartigen persönlichen Geschichte können wir sehen, dass die Vorstellung mancher Menschen von einer besseren Welt nicht unbedingt mit der Vorstellung anderer Menschen übereinstimmt. Diejenigen, denen es an etwas fehlt, wollen mehr; diejenigen, die etwas haben, wollen behalten, was sie haben; diejenigen, die sich anstrengen müssen, wollen aufhören, sich dermassen anzustrengen; diejenigen, die Macht haben, wollen sie nicht aufgeben. Die Variationen sind endlos.

Und alle sind oft in Konflikt miteinander. Es ist sehr schwierig, wenn nicht sogar unmöglich, eine Welt zu finden, in der alle glücklich sein können, während Einzelne oder Gruppen von Menschen versuchen, ihre eigenen Werte anderen aufzuzwingen, die ihre eigenen einzigartigen Werte haben. Es gibt so viele Beispiele von Gruppen — seien es Religionen, Unternehmen, Regierungen, Rechte für dieses, Rechte für jenes — die alle versuchen, anderen ihre Werte aufzuzwingen. Und andere Gruppen, die sich dagegen wehren und ihrerseits ihre Werte aufzwingen und verteidigen wollen. Und so geht es weiter.

Zurück zum Yin und Yang: Je mehr Energie einem Standpunkt gegeben wird, auf desto mehr Widerstand trifft er. Gleichgewicht. Die ganze Zeit wird das Gleichgewicht aufrechterhalten, obwohl es für die meisten Menschen nicht so aussieht. Was vielleicht in einer friedlicheren Welt mit wenig energetischer Aufladung zwischen zwei gegensätzlichen Standpunkten begonnen hat, ist mit der Zeit immer extremer geworden. Jetzt haben wir radikal entgegengesetzte Standpunkte, die sich gegenseitig hochschaukeln, da jede "Seite" sich immer weiter vom Zentrum entfernt, um die Bewegung der anderen zum polaren Gegenteil auszugleichen.

Mit dem Internet, das neue Wege der Kommunikation und des Austauschs eröffnet hat, hat sich der Einfluss der traditionellen Medien darüber, welche Informationen geteilt und welche zurückgehalten werden, gelockert. Dies schafft ein ganz anderes planetarisches Bewusstsein. Ich möchte nicht vorschlagen, dass du alles glaubst, was du im Internet liest. In der Tat würde ich empfehlen, dass du kein Wort glaubst, das du liest oder hörst.

Wenn du all dies bedenkst, muss es offensichtlich werden, dass irgendjemand, der irgendwo eine Meinung ausdrückt, einen Standpunkt präsentiert. Eine Meinung oder Sichtweise, die auf seiner einzigartigen persönlichen Geschichte basiert, den Werten, die er gelehrt bekommen hat und den Assoziationen, die er gemacht hat, den erworbenen Vorlieben, den gelebten Erfahrungen. All das wurde durch konditionierte Augen gesehen, durch konditionierte Körper gefühlt und durch konditionierte Ohren gehört.

Wir mögen uns zu jenen hingezogen fühlen, die ähnliche Werte teilen, im Gefühl der Sicherheit in der Menge, im Bedürfnis dazuzugehören, damit wir aus diesem Gefühl der Trennung und Isolation herauskommen, das unsere physische Präsenz geschaffen zu haben scheint. All dies scheinen gute Gründe zu sein, um zu etwas Grösserem als dem Selbst zu gehören. Aber das ist natürlich nicht jedermanns Sache. Und Schwierigkeiten entstehen immer dann, wenn eine Gruppe versucht, ihre Werte einer anderen aufzudrängen. Selbst innerhalb etablierter Gruppen entwickeln sich Untergruppen, die sich abtrennen und innerhalb der Gruppe Konflikte erzeugen.

Wenn wir alle auf einer unterbewussten Ebene auf die Energie um uns herum reagieren, dann sind unsere Wahlmöglichkeiten begrenzt. Unsere Wahlmöglichkeiten sind begrenzt durch früher getroffene Entscheidungen, die durch unsere konditionierte Weltanschauung bestimmt wurden. Die Wahlmöglichkeiten sind nicht unbedingt in der Anzahl begrenzt, sondern eher in der Richtung. Wenn wir zum Beispiel Armut erlebt haben und danach streben, dies zu ändern, aber aufgrund unserer Umstände glauben, dass die einzige Wahl, die uns offensteht, der Armut zu entkommen, Gewalt ist, dann sind unsere Wahlmöglichkeiten ein Ergebnis unserer Vorstellungen, ein konditionierter Zustand. Wenn wir von diesen begrenzten Möglichkeiten den bewaffneten Raubüberfall wählen, dann wird diese Wahl einen grossen Einfluss auf unser Leben haben und uns auf einen Weg bringen, der unsere Entscheidungen in der Zukunft beeinflussen wird.

Selbst wenn wir in der Lage sind, verschiedene Optionen zu bedenken, sind die Optionen, die uns offen stehen, Produkte früherer Erfahrungen und Entscheidungen und so wählen wir aus dem, was uns zur Verfügung steht.

Auf dem Weg, auf dieser Reise durch das Leben, neigen wir aufgrund der Natur der Konditionierung in der Kindheit, die uns immer wieder sagt, dass die Gefühle unsere sind — wir sind dies, wir sind das — dazu, unsere Probleme zu externalisieren und anderen die Schuld zu geben. Wenn wir uns mit Menschen oder in Situationen unwohl fühlen, ist unsere gewohnheitsmässige Reaktion, sie zu beschuldigen, diejenigen anzugreifen, die wir dafür verantwortlich machen. Oftmals reagieren diejenigen, die wir beschuldigen, einfach auf ihre eigene unterbewusste Konditionierung. Sie sind, gemäss ihrer Vorstellung, genauso machtlos wie wir, die Situation anders zu handhaben.

Das ist interessant, denn wenn wir nicht so polarisiert wären in unseren Vorlieben, Abneigungen und unseren Urteilen, wären wir der herausfordernden Person/Situation gar nicht erst begegnet. Sie würde einfach nicht in unserer Realität existieren. Dies ist eine interessante Vorstellung. Warum sehen wir, was wir sehen? Warum erleben wir das Leben auf die einzigartige Weise, auf die wir es tun? Wenn Armut kein Teil unserer persönlichen Geschichte ist, werden wir der Armut nicht auf unserem Weg begegnen. Wenn Gewalt kein Teil unserer persönlichen Geschichte ist, werden wir auf unserem Weg nicht auf Gewalt treffen.

Das mag schwer zu akzeptieren sein, besonders für diejenigen, die Situationen erleben, die sie als völlig unfair oder ungerechtfertigt empfinden. Doch ich glaube, nur wenn wir diese Idee akzeptieren, kann Veränderung überhaupt erst möglich werden.

Je stärker wir über ein Thema — egal welches — empfinden, desto mehr Energie geben wir diesem Thema, ob dafür oder dagegen. In der Tat, wenn niemand gegen uns ist, hat unsere Ansicht keinen Wert, unser Standpunkt wird bedeutungslos. Unser Identitätsgefühl existiert aus dieser Sicht nur in dem Masse, in dem es andere gibt, die uns herausfordern. Stell dir vor, du identifizierst dich durch deine Standpunkte. Wenn sich niemand deinem Standpunkt widersetzt, gibt es keine energetische Unterstützung für dich, diesen Standpunkt aufrechtzuerhalten.

Ohne guten Grund einen Standpunkt loszulassen, ist schwer. Wenn ein Standpunkt verstärkt wird, erschafft er ein Bild von der Welt und die Person, die ihn erschaffen hat, ist in diesem Bild verloren und abhängig davon. Wir sind in einer Schleife gefangen, die aufgrund ihrer Natur unmöglich zu durchbrechen scheint.

Doch wie bereits erwähnt, wenn es keine Opposition zu einer Sichtweise gibt, keine Unterstützung für diese Sichtweise, dann wird diese Sichtweise bedeutungslos. Ohne Bedeutung kann sie einfach wegfallen. Der egozentrische Standpunkt, ein grundlegender Glaube, an dem wir festhalten, ist jedoch nicht in der Lage, etwas so Wichtiges wie einen Standpunkt einfach kampflos aufzugeben. Und dieses Festhalten trägt zu allen Problemen bei, die wir möglicherweise erleben, weil es weiterhin eine Ansicht bestärkt, die nicht mehr gültig ist. Wo ist die Gültigkeit, wenn es weder Opposition noch Unterstützung gibt?

Solange wir dies glauben — und erinnere dich, dieser Aspekt unserer Realität entsteht nur, weil wir an einer bestimmten Sichtweise festhalten — gibt es keinen alternativen Ansatz. Wenn wir durch vergangene Konditionierung zulassen, dass der Körper mit bestimmten Aminosäuren überschwemmt wird, die wir als Emotionen oder physische Gefühle auffassen, werden wir in gewisser Weise zu diesen Gefühlen.

Wir verlieren uns in dem Gefühl — physisch oder emotional — so sehr, dass wir glauben, dass es das ist, was wir sind. Wenn wir uns in einem Glauben verloren haben und dieser Glaube herausgefordert wird, was unweigerlich der Fall sein muss, erzeugt der Anstieg der chemischen Produktion im Körper ein noch intensiveres Gefühl, oft eines des Unbehagens. Je unangenehmer wir uns fühlen, desto wahrscheinlicher ist es, dass wir Schuldzuweisungen machen; je mehr Schuldzuweisungen wir machen, desto mehr Energie geben wir dem, von dem wir glauben, dass es für unser Unbehagen verantwortlich ist.

Ein grosser Teil jeder bedeutenden Veränderung in unserem Leben ist die Erkenntnis, dass wir, um Veränderung zu erschaffen/manifestieren, zuerst zu dieser Veränderung werden müssen. Es bringt nichts, wenn du versuchst, deine gegenwärtige Realität aus den Begrenzungen heraus zu verändern, die du derzeit als real akzeptierst. Je mehr Energie du darauf verwendest, das zu erschaffen, was du zu brauchen glaubst, um dich sicher und glücklich zu fühlen, desto mehr Energie gibst du dem Gegenteil davon. Diese Herangehensweise, wiewohl allgemein akzeptiert, wird nicht funktionieren, denn du verstärkst ständig das, was du ablehnst. Das hat den Effekt, dass du gezwungen bist, den gleichen Weg weiterzugehen, immer in der Hoffnung, dass sich die Dinge mit ein wenig mehr Zeit und Energie ändern werden.

Ich sage "das zu erschaffen, was du zu brauchen glaubst, um dich sicher und glücklich zu fühlen", denn nur aus deiner aktuellen Vorstellung heraus ist ein bestimmtes Ergebnis erforderlich. In Anbetracht unserer einzigartigen persönlichen Geschichte haben wir alle ein Ziel, von dem wir glauben, dass es, wenn wir es erreicht haben, unser Verlangen befriedigen wird, sei es der Wunsch, gesünder, glücklicher, wohlhabender zu sein oder was auch immer.

Doch die Basis für dieses Ziel liegt in deinen aktuellen Ansichten. Wenn du es schaffst, das Ziel zu erreichen, mag es den Anschein erwecken, dass es den Traum erfüllt, aber weil sich im Grunde genommen nichts verändert hat, sind deine Ansichten immer noch in einem grundlegend fehlerhaften Glaubensmuster verwurzelt. Ein neuer Traum ist nötig. Nichts kann befriedigt werden, solange die Person, die nach Befriedigung sucht, immer noch polarisiert ist, immer noch ausserhalb von sich selbst nach Frieden, Glück oder einem veränderten Zustand sucht.

Und so geht es weiter.

2

Gesundheit, Lebensstil und konditionierte Ansichten

Unsere Träume von Veränderung, von der Verbesserung unseres Lebensstils, basieren auf der Persönlichkeit und entstehen aus ihr heraus. Die Persönlichkeit ist auf Ansichten aufgebaut, die aufgrund von Informationen entstehen, die von anderen zur Verfügung gestellt werden. Diese anderen haben wiederum ihre Informationen von anderen erhalten. Nur wenige, wenn überhaupt, halten inne und hinterfragen, woher die Informationen kamen! Haben sie — die Informationen, auf denen wir unser Leben aufgebaut haben — überhaupt eine Grundlage in Form von Fakten? Oder sind es nur überlieferte Informationen, die wir akzeptieren, weil sie von unseren Eltern oder anderen, die uns als Autorität erscheinen, gekommen sind?

Es gibt viele Informationen darüber, wie man einen neuen Traum träumt, wie man mehr von dem in sein Leben zieht, was man sich wünscht, wie man sein volles Potenzial ausschöpft — die Liste geht weiter. Und das meiste davon ist einfach nur Unsinn. Ich habe wenig Zeit für solche Worte; ich verstehe, warum sie verlockend sein können, weil sie schnelle Lösungen anbieten und die Verantwortung an eine äussere Macht abgeben. Dennoch, für einen neuen Traum muss der Träumende zu etwas Neuem fähig sein! Um etwas anderes in dein Leben zu ziehen als das, was du derzeit hast, musst du eine Veränderung auf einer fundamentalen Ebene vornehmen, damit sich deine Realität entsprechend verändert. Deine Macht an eine externe Energie zu übergeben ist ein bisschen so, als würdest du darauf warten, dass der Weihnachtsmann durch den Schornstein kommt und dir eine "Du kommst aus dem Gefängnis frei" Karte gibt.

Vieles, was heute im Bereich des persönlichen Wachstums angeboten wird, ist Ablenkung. Schicke Geschenkverpackungen, die dich anlocken und dir ein Gefühl der Sicherheit und des Ziels geben sollen; etwas, das dich hoffen, wünschen und innerhalb alter Parameter für etwas arbeiten lässt, das du überraschenderweise bereits hast.

Es sind unsere persönlichen Begrenzungen, die auf diesen erworbenen Vorstellungen basieren, die uns gefangen halten. Mit diesen Begrenzungen sind wir unfähig zu erkennen, dass niemand durch den Schornstein kommt, in einem Raumschiff vor uns landet, auf einer Sternschnuppe angeflogen kommt oder einfach plötzlich vor uns auftaucht und uns rettet.

Ein Teil von uns möchte vielleicht einfach nur aus dem Traum erwachen, der unsere aktuelle Realität ist. Ein anderer Teil möchte den Traum bequemer machen. Die beiden schliessen sich nicht notwendigerweise gegenseitig aus. Nach einigen buddhistischen Lehren verlieren wir buchstäblich unseren Verstand, wenn wir geboren werden. Vielleicht passiert es nicht sofort, vielleicht dauert es ein paar Jahre, bis wir vollständig in dieser Gestalt von Körper, Geist und Emotionen aufgegangen sind. Aber dort heisst es: Sobald wir uns vollständig mit dem Körper, dem Geist und den Emotionen identifiziert haben, hindern uns unser Karma und unsere Schleier daran, die wahre Natur des Geistes zu erkennen. Karma ist die angesammelte Ladung, die ausgedrückt werden muss, gegen die wir aber ankämpfen und unsere Schleier sind unsere Glaubensmuster, unsere Sichtweisen, an denen wir um jeden Preis festhalten.

Die wahre Natur des Geistes ist scheinbar nicht erkennbar, solange wir darauf bestehen, dass wir der Körper, der Geist und die Emotionen sind. Ist es wichtig, dass wir zu dieser "wahren Natur des Geistes" zurückkehren, während wir einen Körper bewohnen, während wir ein Leben in dieser dreidimensionalen Realität erfahren? Oder ist es genug, dass wir einfach die Erfahrung machen?

Ich "stelle mir vor", dass die wahre Natur des Geistes jenseits der Begrenzungen des Körpers, des Verstandes und der Emotionen existiert und sie alle gleichzeitig umfasst, weil der Körper, der Verstand und die Emotionen ein Teil der wahren Natur des Geistes sind. Die reine Ausdehnung dieser wahren Natur wäre erkennbar, wenn wir uns nicht mit dem Körper, dem Verstand und den Emotionen identifizieren und daran festhalten würden. Die Überzeugung, dass der Körper das ist, was wir an sich sind, ist eine grosse Einschränkung, aber gleichzeitig auch eine grosse Chance.

Emotionen, Ansichten und Gesundheit

Vorhin habe ich erwähnt, wie der Körper darauf programmiert ist, unbewusst auf äussere Reize zu reagieren. Als Beispiel habe ich Gruppen von Menschen ein Wort mitgeteilt und sie gebeten, zu beschreiben, wie sie sich bei diesem Wort fühlen. Abhängig von dem jeweiligen Wort, berichten die Menschen in der Gruppe, dass sie bei bestimmten Wörtern die gleichen Emotionen empfinden wie alle anderen. Nur schon ein einzelnes Wort kann eine Veränderung in der Chemie des Körpers hervorrufen, welches wir als Gefühl bezeichnen. Stell dir die Macht einer Gruppe von Worten, einer Reihe von Bildern, vor!

Der Körper reagiert mit oder ohne deine bewusste Beteiligung. Entweder sind wir uns der Verschiebung des chemischen Gleichgewichts bewusst oder wir sind es nicht. Doch die Verschiebung findet trotzdem statt. Unser Körper reagiert immer noch auf verschiedene Reize, zugegeben in unterschiedlichem Ausmass, basierend auf unserer persönlichen Reise und dem, was uns beigebracht wurde und den Urteilen, die wir haben. Der Körper wird reagieren, ob wir uns dessen bewusst sind oder nicht. Wenn diese Reaktion kein bewusster Akt ist, wird der Körper entweder die Erfahrung externalisieren oder Menschen oder Situationen um sich herum die Schuld geben. Wir ergreifen "Partei/Seite" in verschiedenen Konflikten und fügen so der Situation unsere Energie hinzu. Wenn die Erfahrung verinnerlicht wird, trägt sie weiter zu jedem Ungleichgewicht bei, welches der Körper auf zellulärer Ebene erfährt und schafft so eine innere Atmosphäre, die noch anfälliger für bestimmte externe Signale ist. Vieles davon geschieht ohne unsere bewusste Beteiligung oder sogar ohne unser Bewusstsein.

In einer kontrollierten, sicheren Umgebung ist es einfach, Menschen zu bitten, jede Veränderung in ihren Gefühlen, in der Chemie des Körpers zu bemerken. Ohne diese Struktur und die Richtlinien einer kontrollierten Erfahrung ist der Hauptunterschied zwischen der Erfahrung im Klassenzimmer und der Erfahrung "auf der Strasse" die Unfähigkeit des Einzelnen, die Erfahrung zu bemerken und zu benennen. Wann immer wir eine Veränderung nicht bemerken, bedeutet das nicht, dass es keine Veränderung im Gehirn oder in der Körperchemie gibt — es bedeutet einfach, dass wir sie nicht bemerkt haben.

Wenn eine Person diese Veränderung in der Gehirn-/ Körperchemie nicht bemerkt, könnte es sein, dass sie zu sehr mit sich selbst beschäftigt ist und "in der Zukunft lebt." Das Gegenteil ist auch wahr: Wenn unsere Gedanken in Wut oder Bedauern versunken sind, leben wir "in der Vergangenheit." Jede dieser Situationen wird uns daran hindern, zu bemerken, was der Körper Moment für Moment erlebt. Manchmal ist es ein Mangel an Training, der uns daran hindert, es zu bemerken. Manchmal ist die Veränderung so subtil, dass sie kaum wahrgenommen wird. Manchmal versucht eine vergangene Erfahrung, die wir persönlich genommen haben (und dadurch Energie hinzugefügt haben), uns vor der Erinnerung an die Erfahrung zu schützen und blockiert sie. Es gibt viele Gründe, warum wir Verschiebungen in unserer Körperchemie vielleicht nicht bemerken. Genauer gesagt, bis die Veränderung dramatisch genug ist, um unsere Aufmerksamkeit zu erregen.

Mit der Zeit, egal ob wir viel Zeit damit verbracht haben, in der Vergangenheit oder in der Zukunft zu leben, summiert sich die Verleugnung dieser Veränderungen im Körper. Früher oder später baut diese verdrängte Energie (was nicht unbedingt etwas ist, was man bewusst tun würde) genug Ladung auf, bis zu dem Punkt, an dem sie offensichtlich wird. In extremen Fällen manifestiert sich dies als Krankheit oder Leiden im Körper. In geringeren Fällen manifestiert es sich einfach als eine Emotion.

Die häufigste Reaktion, wenn wir eine Veränderung bemerken, ist, dass unser konditioniertes Selbst automatisch die Hand ausstreckt, das Gefühl ergreift, es persönlich nimmt, glaubt, dass das Gefühl unseres ist und diesem Gefühl Energie gibt. Dies hat den Effekt, dass mehr Chemikalien im Körper produziert werden, die dann das Gefühl verstärken und bestätigen — als ob wir eine Bestätigung bräuchten — dass das Gefühl tatsächlich unseres ist. Was wir denken, zu dem werden wir. Wir machen das real, was nur ein flüchtiger Gedanke/Gefühl war.

Je mehr Energie wir den Gedanken und Gefühlen geben, desto wahrscheinlicher werden sie sich in unserem Leben manifestieren. Dies ist ein wichtiges und wiederkehrendes Thema in diesem Buch.

Nicht zu bemerken, aus welchem Grund auch immer, kann zu Komplikationen in der Gesundheit und im Gleichgewicht des Körpers führen; allerdings wird der Grund für diesen Zusammenbruch der physischen Gesundheit selten unserer Unfähigkeit zugeschrieben, unsere eigene sich verändernde Körperchemie zu bemerken, sondern eher anderen, vielleicht "äusseren" Gründen. Es mag richtig sein, dass die Gesundheit des Körpers unter den äusseren Energien leidet, doch warum sollte eine Person, die den gleichen Energien ausgesetzt ist wie eine andere, eine schlechtere, eine völlig andere Reaktion zeigen? (Ich beziehe mich hier auf alltägliche

Erfahrungen, nicht auf grosse Ereignisse, die jemanden traumatisieren würden.)

Ich vermute, dass es die Konditionierung des Körpers ist, die dafür verantwortlich ist, wie und in welchem Masse der Körper auf offensichtliche und weniger offensichtliche Reize reagiert. Darin sind wir alle einzigartig. Es könnte sein, dass jede Manifestation von Krankheit (nicht Trauma) ein allmählicher Prozess ist. Es passiert nicht einfach über Nacht, sondern braucht Zeit, Zeit, die unbewusst damit verbracht wird, ein grösseres Ungleichgewicht im Körper zu schaffen, das die Gesundheit des Körpers im Laufe der Zeit abbaut. Zellen brauchen eine Vielzahl von Rezeptoren, um auf eine gesunde, lebensbejahende Weise zu funktionieren. Unser Körper kann nicht weiter funktionieren und ein gesundes Leben unterstützen, wenn einige dieser benötigten Rezeptoren durch eine grosse Anzahl von "einseitigen" Rezeptoren verdrängt werden, Rezeptoren, die zu zahlreich und zu sehr auf eine bestimmte Emotion fokussiert sind (z.B. Angst, Furcht).

Je mehr wir uns z.B. mit Furcht oder Angst identifizieren, desto mehr Rezeptoren werden an den Zellwänden geschaffen, um diese einzigartigen Chemikalien zu verarbeiten. "Use it or lose it" (verwende es oder verliere es) ist ein gängiger und wahrer Spruch. Je mehr Energie wir bewusst oder unbewusst bestimmten Emotionen oder bestimmten Reaktionen geben, desto mehr werden sie sich in unserem Leben manifestieren. Höre auf, etwas mit Energie zu versorgen und es wird verschwinden.

Ich vermute, dass der Grund, warum Krankheiten langsam in unser Leben eindringen, der ist, dass wir die frühen Warnzeichen nicht bemerken. Oft sind sie viel zu subtil, um bemerkt zu werden. Wie kann man denn von jemandem erwarten, dass er subtile Veränderungen auf zellulärer Ebene bemerkt? Es ist nicht möglich. Oder etwa doch?

Es ist nicht notwendig, dass wir einzelne Zellen und ihr Verhalten bemerken, was wirklich eine unmögliche Aufgabe ist. Aber wir können mit etwas Training damit beginnen, die Auswirkungen unserer frühen Konditionierung auf unser Leben zu bemerken, indem wir die Art von Situationen und Menschen beobachten, die wir anzuziehen scheinen. Die Situationen, die sich um uns herum entwickeln. Die Menschen, mit denen wir in Resonanz gehen und die, mit denen wir nicht in Resonanz gehen.

Diese Herangehensweise, die uns viel über mögliche Probleme verraten würde, bevor sie genug Energie bekommen, um sich zu manifestieren und zu "echten" oder "physischen" Problemen zu werden, mit denen wir dann umgehen müssen, ist nicht so einfach. Wirklich wahrzunehmen erfordert, dass wir eine grössere Objektivität in Bezug auf das Drama, in dem wir leben, entwickeln. Es erfordert, dass wir aufhören, Schuldzuweisungen zu machen und alle störenden Themen zu externalisieren. Im Wesentlichen erfordert es, dass wir aufhören, uns selbst so ernst zu nehmen. Objektivität erfordert, dass wir aufhören, uns mit dem Drama zu identifizieren und es stattdessen als das sehen, was es ist — Energie/Information, die durch unser Bewusstsein fliesst, um sie zu erfahren, aber ohne sie persönlich zu nehmen. Wir können sehen, wie wir Situationen, Ereignisse, Gedanken und Emotionen "real" machen indem wir ihnen Energie geben, sie persönlich nehmen.

Es ist diese "Realität", die jeden Morgen vor unserer Haustür auftaucht. Was jeden Tag auftaucht, ist sowohl das Produkt von gestern als auch die Blaupause für morgen.

Durch die Energie, die wir hineingeben, entscheiden wir, ob die Zukunft einfach eine Reproduktion der Vergangenheit sein wird oder etwas anderes.

Es ist unsere vergangene Konditionierung, die bestimmt, ob wir in der Lage sind, dies zu sehen oder nicht, mehr oder weniger objektiv zu sein, weiterhin zu urteilen und Schuldige zu suchen oder nicht. Erinnere dich daran, dass wir nicht eine Seite ohne ihr Gegenteil haben können. Viele glauben, dass das Gegenteil von urteilen vergeben ist. Aber sie sind beide Seiten der gleichen Medaille, du kannst die eine nicht ohne die andere haben. Dich in der Idee zu verfangen, dass du vergeben musst, impliziert, dass jemand, irgendwo, etwas falsch gemacht hat, dich in irgendeiner Weise verletzt hat. Diese Idee, dieses Konzept, diese Ansicht ist immer noch das Produkt einer vergangenen Konditionierung. Sich über diese Konditionierung hinaus zu bewegen, ist die eigentliche Herausforderung, denn jenseits der Konditionierung gibt es keine Notwendigkeit zu urteilen, also auch keine Notwendigkeit zu vergeben. Indem du die Menge an Energie reduzierst, die du einer der beiden Seiten dieser speziellen Situation gibst, wird die Situation Energie verlieren, nicht gewinnen. Wenn eine Situation an Energie verliert, verschwindet sie aus deiner Realität, sie verblasst einfach und wird zu einem Nicht-Problem.

Diese Idee bezieht sich auf alle Probleme, die du zu sehen glaubst, egal ob sie auf einer persönlichen Ebene liegen — Gesundheitsprobleme, Beziehungsprobleme, finanzielle Probleme, Sicherheitsprobleme, fehlendes Glücksgefühl — oder globale Situationen sind. Krieg ist das ultimative Ergebnis von Unsicherheit, real oder wahrgenommen und basiert auf individuellen und kollektiven Geschichten, Glaubenssätzen und Ansichten. Krieg, wie alle anderen Manifestationen eines inneren Ungleichgewichts, das (unter anderem) durch ein völlig unzureichendes Bildungssystem verursacht wird, ist das unvermeidliche Ergebnis des grundlegenden Glaubens, dass ich der Körper bin, ich bin die Gedanken, ich bin die Gefühle. Mein Weg ist besser als dein Weg. Wir können den Zustand des Friedens nicht ohne sein Gegenteil haben: Krieg. Höre auf, beidem Energie zu geben und du wirst ein Teil der Lösung, einer Lösung, die zu einer ganz anderen Realität führt.

Und hier liegt natürlich die Herausforderung. Eine Person, die in polarisiertem Denken und Urteilen verloren ist, kann sich die Möglichkeiten jenseits ihrer eigenen konditionierten Begrenzungen, Erwartungen, Träume und Wünsche nicht einmal ansatzweise ausmalen. Unsere aktuelle Vorstellung von dem, wer und was wir sind, hält uns auf einem bestimmten Weg; wir halten uns selbst auf diesem Weg.

Und vielleicht ist dies der Schlüssel zur Veränderung, wenn Veränderung das ist, was du wirklich wünschst.

Der Traum der Realität

Wie ich es sehe, gibt es hier zwei grundlegende Möglichkeiten. Die eine ist, den Traum, den du zur Zeit lebst, so bequem wie möglich zu machen. Die zweite ist, aus dem Traum zu erwachen. Unsere Versuche, den Traum bequemer, sicherer, wohlhabender, weiser, was auch immer wir wollen, zu machen, bis wir einen inneren Frieden erreicht haben, wird ein ständiger Kampf sein, zuerst um das Ziel zu erreichen und dann, um diesen Zustand aufrecht zu erhalten. Denn die ganze Zeit, in der wir etwas mehr oder weniger "wollen", die ganze Zeit, in der wir versuchen, eine Seite einer Auseinandersetzung durchzusetzen, erzwingen wir sein Gegenteil. So wird der

Frieden zu einer Ausrede für den Krieg und der Krieg für den Frieden. Systeme brechen zusammen, weil sie von Menschen gebaut werden, die an eine Seite einer Auseinandersetzung glauben. Der Verstand und die Emotionen werden in einem Spannungszustand gehalten durch den Glauben an einen vermeintlich besseren Weg als der andere.

Jede Konditionierung, die polarisiertes Denken erzeugt, dient zwei Hauptzwecken. Erstens hält sie das Individuum in einem Ungleichgewicht, was das Individuum in einem Zustand der Spannung hält. Wenn ein System unter Stress steht, verbraucht es eine Menge Energie, um einen gesunden Zustand aufrechtzuerhalten. Wenn dieses System der menschliche Körper ist, dann ist das Immunsystem, der Teil von uns, der im Hintergrund läuft und alles unter Kontrolle hält, unter ständigem Angriff, nicht, wie es scheinen mag, von aussen, sondern vom konditionierten Denken. Und zweitens, während wir gespalten sind (unsere Urteile), geben wir diesen Urteilen Energie. Je mehr Energie wir einer Seite einer Situation geben, desto mehr Energie geben wir unbewusst dem Gegenteil.

Dies erfüllt viele Aufgaben in der Illusion, in der Traumwelt, in der wir leben. Es hält den Status quo aufrecht und garantiert praktisch, dass der Körper sich verschlechtern wird und er schlussendlich einen Eingriff braucht, um ihn zu retten und wieder gesund zu machen. Es garantiert, dass das Individuum oder eine Ansammlung von Individuen eine Seite einer Auseinandersetzung verteidigen muss, was, wie wir gesehen haben, einfach der Gegenseite Energie gibt. Dies hat den Effekt, dass der Konflikt fortbesteht. Es wird immer schwieriger für ein Individuum, das sich mit einer Gruppe verbündet hat und glaubt, dass es Recht hat, aus dem Drama auszusteigen.

Bei dem Versuch, zu einem ausgeglichenen Zustand zurückzukehren, wird ein System oft in eine gleiche und entgegengesetzte Position gehen, wie das Schwingen eines Pendels. Manche stellen fest, dass der neue Standpunkt genauso radikal ist wie der ursprüngliche es war. Wenn das passiert, besteht die Tendenz, die Energie zu reduzieren und zurückzuschwingen, aber zu einem Ort mit weniger Wertung. Dieser Prozess ist kontinuierlich; er kann sehr lange dauern oder an einem Punkt auf der "Schaukel" stecken bleiben, an dem sich das Individuum wohl fühlt.

Ich fühle mich an den "Mittleren Weg" erinnert, an die Lehren des Buddha. Wenn es unser persönliches Ziel ist, uns von dem zu befreien, was als ein riesiger kollektiver Wahnsinn erscheint, dann ist dieser mittlere Weg von Wert. Doch selbst unsere Fähigkeit, die Notwendigkeit eines mittleren Weges zu erkennen, ist nicht realistisch, solange wir so stark polarisiert bleiben. Denn aus unserem polarisierten Zustand heraus halten wir die Polarisierung aufrecht. Wir glauben, dass wir in einem bestimmten Zustand existieren, der keine andere Möglichkeit zulässt, weil wir so verloren sind, so überzeugt davon, wer und was wir sind.

Wenn wir tatsächlich Produkte unserer Vergangenheit sind und der Energie, die wir, bewusst oder unbewusst, unseren Überzeugungen gegeben haben, dann diktiert unsere Vergangenheit, was wir zu sehen, zu erkennen, zu verstehen, wahrzunehmen vermögen. Wenn diese Vergangenheit ein Dasein geschaffen hat, das darauf konditioniert ist, zu glauben, dass seine Werte wichtiger sind als die Werte anderer, seine Kinder wichtiger als die Kinder anderer, seine Sicherheit wichtiger als die Sicherheit anderer, dann wird diese Person, dieses Kollektiv fast alles tun, um ihr System zu "schützen". Und solange diese Ansichten ernst genommen und mit Energie versorgt werden, ist der Konflikt unvermeidlich. Leid kann nicht vermieden werden. Wut kann nicht vermieden werden. Schmerz kann nicht vermieden werden. Konflikte können nicht vermieden werden.

Alles entspringt daraus. Veränderung ist nicht möglich, solange Individuen glauben, dass sie getrennt sind voneinander, mehr verdienen, mehr Wert haben; solange sie glauben, dass sie Recht haben, dass sie besser sind als andere.

Es ist mein gegenwärtiges Verständnis, dass niemand wirklich Veränderung will, auch wenn sie das behaupten mögen. Damit sich die Welt verändern kann, gibt es nur eine Voraussetzung: Du musst dich zuerst verändern. Veränderung bedeutet nicht, seinen Willen auf Kosten anderer durchzusetzen. Konflikt wird niemals Sicherheit erzeugen. Manche Menschen verstehen das, manche lernen es auf die harte Tour. Diejenigen, die "auf die harte Tour lernen", sind so sehr in ihrer eigenen Rechtschaffenheit verloren, dass sie weiterhin andere für ihren Schmerz und ihr Leid verantwortlich machen. Es scheint, dass sie keine andere Wahl haben. Tritt einem Club, einem Land, einer Religion, einer Organisation bei; suche Sicherheit in der Zugehörigkeit, in der Menge, im Glauben und lass dich mitreissen, gefangen in einem kollektiven Glauben, dass du Recht hast und du gibst deine Fähigkeit auf, wirklich bewusste Entscheidungen über den Weg, den du gehst, zu treffen. Du wirst einfach eine(r) von vielen.

Beispiele für diese Denkweise finden sich überall in historischen und aktuellen Zeiten. Die Macht hat Recht! Die Sanftmütigen werden die Erde erben! Dies sind die beiden Seiten eines Traums, die jeweils von ihrem Gegenteil angetrieben werden. Anderen, dem Land und den Tieren deinen

Willen aufzuzwingen, ist nur Teil eines sich entfaltenden Dramas, eines Schauspiels. Shakespeare sagte: "Die ganze Welt ist eine Bühne und alle Männer und Frauen sind nur Schauspieler." Magst du dein Drehbuch nicht? Die Rolle, die du bekommen hast? Dachtest du, du hättest dich für eine Komödie verpflichtet?

Was auch immer du über das Drama denkst, das sich um dich herum abspielt, wisse, dass du deine Rolle sehr gut spielst. Bist du der Bösewicht oder das Opfer? Der Boss oder der Arbeiter? Die Prinzessin oder der Bettler? Der Krieger oder der Philosoph? Der Arzt oder der Patient?

Ich habe erkannt, dass wir in einem Universum leben, das wir uns selber erschaffen, während wir unseren Weg gehen. Die meisten Menschen spielen einfach dieselbe Rolle weiter, die sie schon seit Jahren haben. Die Menschen halten einfach nicht inne, um ihre Realität zu hinterfragen. Sie akzeptieren sie nicht nur, sie geben ihr sogar noch mehr Macht — und sorgen so dafür, dass sie weiterläuft. Dann beschweren sie sich über die Ungerechtigkeit des Lebens. Wahnsinn, oder?

Aber das ist der Preis, den wir dafür zahlen, dass wir diesem Drama Glauben schenken. Ob wir das bewusst getan haben oder nicht, ist eigentlich irrelevant; es hilft nicht, das Drehbuch zu ändern. Du kannst so viel gegen den Regisseur schimpfen und toben wie du willst, den Produzenten anflehen einzugreifen, es wird den Film nicht ändern. Nur du selber kannst das tun.

Ein wesentlicher Punkt, der eine grundlegende Veränderung zu verhindern scheint, ist die Tatsache, dass wir uns bereits auf der Achterbahn des Lebens befinden, wir bereits voll und ganz im Drama gefangen sind. Nimm für einen Moment an, dass du die meiste Zeit deines Lebens im Halbschlaf verbracht hast. In diesem Zustand hast du bestimmte Werte, Sichtweisen und Glaubenssysteme unterstützt. In deinem Dämmerzustand schien dies das Richtige zu sein. Wirklich, es war das Einzige, was zu tun war, denn die Gesellschaft, in der du geboren wurdest und aufgewachsen bist, hatte bestimmte Werte, Sichtweisen und Glaubenssysteme. Du wurdest wie vorgegeben ein Teil dieser Gesellschaft und als solcher folgst du den gleichen Werten, Überzeugungen und so weiter. Du magst einen gewissen Spielraum gehabt haben oder nicht, abhängig von den Glaubenssystemen, die deiner Gesellschaft innewohnen.

Du hast "Partei ergriffen" oder warst bereit, eine Partei zu ergreifen, bevor du überhaupt wusstest, was eine "Partei" ist. So schlüpfst du leicht in die Rolle, ein Mitglied "deiner" Gesellschaft zu sein. Jeder um dich herum, der bereits ein Mitglied dieser Gesellschaft war, unterstützte die Standpunkte dieser Gesellschaft. Dein Spielraum, dich um einige der Standpunkte zu drücken, mag für dich ein Thema gewesen sein oder auch nicht, wiederum abhängig von den Werten der Gesellschaft und deinem eigenen persönlichen Wissen.

Nebenbei bemerkt, ich bin gereist und habe viel Zeit in vielen Ländern der Welt verbracht. Ich habe in mehr Ländern gearbeitet, als ich mich erinnern kann. Das hat mir die Möglichkeit gegeben, zu sehen, wie sich andere Gesellschaften entwickelt haben, basierend auf Werten, die ganz anders waren als die, die ich als Kind gelernt hatte. Ich versuche immer, meine Vergangenheit hinter mir zu lassen, damit ich mit unvoreingenommenen Augen sehen kann. Es ist erstaunlich zu sehen, welche Angst diejenigen haben, die ihr Geburtsland nie verlassen haben, vielleicht nicht einmal ihren lokalen Bereich, Angst gegenüber jenen, die von ausserhalb ihres eigenen akzeptierten Glaubens kommen. Es passiert überall. Jeder hat Angst vor dem, was er nicht kennt oder versteht. Die Gesellschaft trägt tatsächlich dazu bei, diese Angst zu verbreiten, ob sie dies bewusst tut oder aus der ihr innewohnenden Angst vor dem Unbekannten heraus, ist im Moment nicht wichtig.

Wenn meinen Eltern "Geschichten" über Menschen aus anderen Ländern erzählt wurden, haben sie diese Geschichten wahrscheinlich geglaubt. Warum sollten sie auch nicht? Es waren wahrscheinlich ihre Eltern, die ihnen diese Geschichten erzählt haben. Meine Eltern erzählen mir dieselben Geschichten und wenn ich keine Gelegenheit bekomme, etwas anderes zu erfahren, dann akzeptiere ich diese Geschichten und erzähle sie vielleicht meinerseits meinen Kindern. Das Leben der meisten Menschen basiert auf diesen Geschichten, diesem Hörensagen, das durch Unwissenheit und Angst entstanden ist. Und nur wenige Menschen hinterfragen diese Geschichten. Es ist besonders schwer, sie zu hinterfragen, wenn du deine Heimatstadt nie verlässt und du jeden Tag die gleichen Geschichten hörst. Je öfter du sie hörst, desto mehr akzeptierst du sie als Tatsache.

Je mehr du sie akzeptierst, desto mehr wirst du polarisiert, desto mehr urteilst du. Anstatt sich aus der Angst und Unwissenheit heraus zu bewegen, verstärken die Glaubenssysteme deiner Gesellschaft weiterhin diese angstbasierten Geschichten. Und während du ungewollt immer polarisierter wirst, folgen die Funktionen des Körpers: Gesundheitsprobleme, Gewichtsprobleme, emotionale Probleme, mentale Probleme, all das entsteht, weil — und das ist sehr einfach — deine unterbewussten Abhängigkeiten von bestimmten Daseinsweisen, bestimmten Werten und

Glaubenssystemen einen inneren Zustand des Chaos erschaffen.

Dieser innere Zustand beeinflusst wiederum die Welt, in der du lebst. Mit oder ohne deiner bewussten Aufmerksamkeit nährst du die Werte deiner Gesellschaft. Wo diese Werte auf Angst oder Beurteilung basieren, fängst du an, die Welt nicht so zu sehen, wie sie ist, sondern so, wie du sie erwartest: Ein angstvoller Ort, ein urteilender Ort, ein Ort, an dem du dich gegen diejenigen verteidigen musst, von denen dir deine Eltern gesagt haben, sie seien gefährlich, böse, "anders".

Wenn wir die Welt durch urteilende Augen sehen, bestätigt das, was wir sehen, einfach unsere Ängste. Wie sollte es auch anders sein? Wir co-kreieren die Welt, in der wir leben und die Welt, in der wir leben, spiegelt unseren eigenen Zustand wider. Wenn dieser Zustand offen, furchtlos und liebevoll ist, dann wird die Welt das widerspiegeln. Wenn du jedoch die Welt aufgrund deiner persönlichen Geschichte als einen gewalttätigen Ort siehst, dann wird die Welt ein gewalttätiger Ort sein. Wenn du die Welt als gewalttätig wahrnimmst, dann musst du dich der Welt anpassen und den Weg der Gewalt erlernen, um zu überleben, um eine "sichere" Umgebung für dich und deine Familie zu schaffen.

Es gibt keine Sicherheit in einer Welt, die als gewalttätig wahrgenommen wird oder in einer Welt, die durch polarisierte, urteilende Augen gesehen wird. Wenn Gewalt deine Weltanschauung dominiert, dann wandert diese Gewalt oft von der Strasse in dein Zuhause und du zerstörst am Ende das, was du liebst, aus Angst und aus der Konditionierung heraus, auf der deine Angst basiert. Dieser Zustand des Seins ist so stark, dass es einfach keine Alternativen gibt. Die Welt scheint das zu sein, was wir akzeptiert haben; du spielst deinen Teil und setzt unwissentlich die Erschaffung der Angst, Gewalt, Wut, was auch immer, fort.

So hast du, ohne eine überlegte, bewusste Handlung deinerseits, zu dem System beigetragen, in das du hineingeboren wurdest, ein System, das bestimmte Werte verstärkt. Der blosse Akt, ein Teil einer bestimmten Gesellschaft zu sein, gibt den Überzeugungen deiner Gesellschaft Macht. Auch in der Opposition geben wir Macht. Vergiss nie, dass wir nicht eine Seite haben können, ohne ihr Gegenteil mitgeliefert zu bekommen.

Werte hinterfragen

Zurück zur Achterbahn. Du hängst in deinem Sitz und fährst mit dem Rest der Gesellschaft mit, als plötzlich etwas passiert, das dich dazu bringt, deine Werte zu hinterfragen, deinen Platz in der Gesellschaft, der Gesellschaft, die du dein ganzes Leben lang akzeptiert hast. Vielleicht meldet sich ein Whistleblower zu Wort, vielleicht triffst du auf einen alten Freund, der dich mit eigenen Geschichten zu einem zurückliegenden Konflikt konfrontiert, vielleicht stösst du einfach auf soziale Medien, die deine Werte in Frage stellen.

Wie auch immer dies geschieht, du wirst diese neuen Informationen möglicherweise rundweg ablehnen — so stark ist dein Glaube, dass du im Recht bist — und sie als böse Propaganda abstempeln, die von jemandem verbreitet wird, vor dem du Angst hast. Denn, hüte dich vor Fehlern, Angst ist der Grund für die Wurzel aller externalisierten Projektionen auf andere. Es sind die Angst und die Ignoranz, die aus einer "behüteten Erziehung" resultieren.

Wenn du diese "neuen" Informationen nicht sofort ablehnst, möchtest du vielleicht etwas dagegen "tun". Deine

Konditionierung hat sich nicht auf einer fundamentalen Ebene geändert, also muss das, was du zu tun versuchst, ein Produkt deiner Konditionierung sein. Wähle die andere Partei! Protestiere! Schliesse dich der Opposition an! Für was auch immer du dich entscheidest, du wirst immer noch etwas im Rahmen der Werte und Glaubenssysteme deiner Gesellschaft tun. Das wiederum ist völlig verständlich, denn was kannst du sonst tun? Du kannst nicht aus all deinen Konditionierungen heraustreten und sie einfach weglassen. Du kannst die Dinge nicht aus einer Perspektive "sehen", die ausserhalb deiner Erfahrung liegt; du kannst keine Konzepte verstehen, die nicht dein "Vokabular" verwenden. Wenn Angst ein grosser Teil deiner frühen Konditionierung war, wenn auch als unbewusst erschaffener Teil, wird jede Veränderung, die du anstrebst, jede Ablehnung von zuvor akzeptierten Idealen, immer noch aus der Angst kommen.

Wir können nicht erkennen, dass viele unserer Aussagen und Reaktionen auf Angst basieren, weil diese Angst so tief in uns vergraben ist und täglich von anderen in unserer Gesellschaft verstärkt wird. Wir hinterfragen diese "anderen" nicht zu diesem Aspekt unserer Welt; wir reagieren einfach weiter, wie wir es in der Vergangenheit getan haben. Erst jetzt, so glauben wir, wenn sich unsere Augen öffnen, fangen wir an, ein breiteres Bild zu sehen. Aber wenn es dieselbe Person ist, die dieses breitere Bild sieht, dann ist es auch dieselbe Konditionierung, mit der wir auf diese "neue" Information reagieren. Mit denselben Parametern analysieren wir, urteilen wir und versuchen wir, mit dem umzugehen, was immer diese "neuen" Informationen uns in Frage stellen lassen.

Wir operieren immer noch innerhalb der von der Gesellschaft gesetzten Grenzen, so dass wir gegen ein System ankämpfen, das aus Sichtweisen besteht, die ihrerseits entwickelt worden sind auf Geschichten, die auf Angst oder Unwissenheit basieren.

Es ist so, als ob du schon mitten in der Achterbahnfahrt bist, wenn du "aufwachst" und feststellst, dass mit der Fahrt etwas nicht stimmt. Was tust du jetzt? Du bist immer noch auf der Achterbahn, also müssen alle Versuche, die Fahrt zu verändern, aus der aktuellen Realität heraus entstehen, nicht wahr? Sogar deine Fähigkeit, wirklich zu wissen, welche Veränderungen erforderlich sind, ist auf deine eigenen persönlichen Erfahrungen, deine persönlichen Wünsche und deine persönlichen Ängste beschränkt. Also ist Veränderung, die aus dem alten Paradigma heraus erdacht wird, nicht wirklich Veränderung; sie ist einfach ein Versuch einer Modifikation, einer Manipulation des bestehenden Zustands.

Wir sind immer noch in der Notwendigkeit gefangen, etwas zu "tun", um eine Veränderung herbeizuführen, aber wer genau wird "tun", was auch immer erforderlich ist? Es kann nur dieselbe Person sein, die bereits letzte Woche versucht hat, etwas zu "tun"! Wenn der Träumer sich nicht ändert, dann wird der Traum derselbe bleiben.

Wir müssen begreifen, dass dieses ganze Gesetz der Anziehung unabhängig von dem funktioniert, von was wir denken, dass wir es wollen. Es scheint, als ob das "Universum", "das Feld", das "Meer des Bewusstseins", der "Äther" — nenne es, wie du willst — auf das reagiert, was wir sind, nicht auf das, was wir wollen. Dies zu verstehen, bringt uns vielleicht näher an das Verständnis der Natur der Welt, in der wir leben.

Wer wir sind, ist offensichtlich anders und steht oft im Widerspruch zu dem, was wir denken, wer wir sind. Oder zumindest, wer wir gerne glauben würden, dass wir es sind.

Der beste Weg, um herauszufinden, wer wir sind, ist, darauf zu achten, wer in unserem Leben auftaucht. Welche Erfahrungen tauchen immer wieder auf? Was frustriert uns, ärgert uns, deprimiert uns, lässt uns lächeln, macht uns traurig; was lässt uns ängstlich werden? All dies sind Zeichen, die uns den Weg zu dem weisen, was wir gerade sind.

Auf etwas eingehen oder reagieren

Wie reagieren wir auf Stress? Warum entsteht Stress überhaupt auf unserem Weg? Sind wir uns bewusst, dass wir reagieren? Gibt es einen Moment, in dem wir uns entscheiden können, zu reagieren oder darauf einzugehen? Oder wird der Körper so schnell zum Ärger, zur Angst, zur Frustration, zur Traurigkeit, zur Freude, dass es nicht einmal einen Moment gibt, in dem wir die Situation betrachten und zu uns sagen können: "Will ich wirklich wütend werden? Ängstlich? Frustriert? Traurig?"

Wir glauben einfach nicht, dass wir eine Wahl haben; unsere Konditionierung sagt uns, dass die Emotionen zu uns gehören. Diese Konditionierung ist so stark, dass wir selten hinterfragen, woher die Emotionen kommen. Es ist fast unmöglich, den nötigen Abstand zwischen Subjekt und Objekt zu schaffen. Bumm! Wir sind wütend. Bumm! Wir beschuldigen. Bumm! Wir urteilen. Oft ist da jemand auf Empfang am anderen Ende unserer Wut, unserer Schuldzuweisung, unseres Urteils. Und was soll dieser jemand tun? Reagieren, natürlich, ohne innezuhalten, basierend auf seiner eigenen Identifikation mit verschiedenen Emotionen, basierend auf seinen eigenen Ängsten, zum Opfer zu werden.

Wenn diese Person reagiert, füttert sie einfach unseren eigenen Ärger, unsere Wut, unsere Unsicherheit. Dann werden die Gefühle des Unbehagens durch die mit diesen Gefühlen verbundenen Chemikalien intensiver, wir fühlen uns mehr bedroht, mehr unbehaglich, also drücken wir mehr Wut, mehr Angst aus. Wenn dieses Muster nicht durchbrochen wird, wird jemand verletzt werden. Körperlich, emotional, psychologisch. Die Aufrechterhaltung dieses Musters könnte die Ursache für alle Konflikte sein, auf welcher Ebene sie sich auch immer manifestieren mögen.

Eine weitere Herausforderung beim Aufwachen auf der Achterbahn ist die Angst, dass, selbst wenn du bewusst genug wärst, der Rückzug von der Fahrt dich oder diejenigen, die du unterstützt, verletzlich machen würde. Wir sind so tief im "Tun" verloren, dass es unvorstellbar ist, einfach aufzuhören — also tun wir es nicht. Zumindest nicht, bis wir entweder alle Möglichkeiten des alten Modells ausgeschöpft haben oder wir einfach unsere eigene Erleuchtung haben.

Wenn wir uns einen Bereich mit grossen Konflikten in der Welt ansehen, einen Bereich mit bedeutendem Missbrauch, will unser konditionierter Verstand etwas gegen die Situation unternehmen. Zurechtrücken, was wir als falsch ansehen. Ein Gefühl der Menschlichkeit wiederherstellen, das wir als fehlend ansehen. Wir fühlen mit denen, die leiden und das zwingt uns, wenigstens zu versuchen, ihr Leiden zu lindern. Das ist die menschliche Natur, zumindest ist es das für die meisten Menschen auf dem Planeten. Wir haben vielleicht sogar Mitleid mit anderen, die leiden. Wir könnten Wut auf diejenigen empfinden, die wir als Aggressoren orten.

Es muss etwas getan werden!

Wenn man sich in einer verzweifelten Situation befindet, sind verzweifelte Massnahmen angesagt. Wenn ein "Club", eine Gesellschaft mit bestimmten Werten, entschlossen ist, dich zu vernichten, dann muss etwas getan werden. Leider wird zu diesem Zeitpunkt auf der Achterbahn bereits etwas getan. Wenn ein inneres, konditioniertes Ungleichgewicht einen offenen Konflikt erreicht hat, ist die wahre Ursache für den Konflikt in der Rhetorik verloren gegangen. Jeder sich manifestierende Konflikt ist an sich das Ergebnis von einem gewissen Grad an Gier, Angst oder Ignoranz.

Egal auf welcher Seite des Zauns du dich befindest, der gemeinsame Aufschrei ist: "Wir werden nicht zusehen, während 'so-und-so' unser Land nimmt und unsere Kinder tötet." Such dir irgendeinen nationalistischen Slogan oder einen religiösen Aufruf zu den Waffen aus (Gott ist auf unserer Seite! Was für ein totaler Unsinn!); es ist das Tagesthema. Solange du in deinen eigenen Überzeugungen gefangen bist, die, ich wiederhole, auf Angst basieren, auch wenn diese tief vergraben ist, ist Verdrängung die einzige Antwort, die dir zur Verfügung steht. Aber denke daran, dass diejenigen im anderen Lager genau das Gleiche fühlen. Ihre Konditionierung hat sie davon überzeugt, dass sie im Recht sind, genauso wie deine Konditionierung dich davon überzeugt hat, dass du es bist.

3

Konflikt

Es gibt keinen Konflikt ohne zwei polarisierte Kräfte, Gesellschaften, Überzeugungen, Wahrnehmungen, Werte. Ohne diesen fundamentalen Aspekt könnte sich ein Konflikt niemals manifestieren. Solange die Unsicherheit im Herzen besteht, muss jemand schuld sein!

Das Problem ist, insofern tatsächlich ein Problem entstanden ist, dass wir auf unsere Eltern, unsere Lehrer, unsere Vorbilder gehört und ihnen geglaubt haben. Wir sind so sehr davon überzeugt, dass wir in Gefahr sind, dass uns die Gefahr auf Schritt und Tritt begegnet. Wir ziehen die Gefahr an, weil das der Weg ist, den wir beschreiten, auch wenn wir uns selbst davon überzeugt haben, dass wir einen Weg des Friedens beschreiten. Wir können keinen Frieden haben, wenn wir keinen Krieg haben; wir können keinen Krieg haben, wenn wir keinen Frieden haben. Die grundlegende Ursache für jeden Konflikt ist der Mangel an Frieden in uns. Aber wenn wir im Drama stecken, sind diese Worte nur ein Haufen Unsinn. Wir haben so viele Geschichten erlebt und unsere Erfahrungen daraus gezogen, deshalb verlieren wir uns völlig im Drama.

Von diesem Standort aus kann es nur mehr vom Gleichen geben, eine unvermeidliche Vertiefung der Überzeugungen. Siehst du, was hier passiert? Die Individuen werden durch ihre Konditionierung gezwungen, sich noch mehr zu polarisieren. Gewalt ist das einzige Ergebnis, wenn wir auf diesem Weg weitergehen.

Es gibt etwas grundsätzlich Verrücktes an der Menschheit. Sogar das Wort "Menschlichkeit", das Bilder von Menschen heraufbeschwört, die Menschen helfen, ist in einer Welt, in der Gesellschaften gegen andere Gesellschaften Krieg führen, fehl am Platz. Angesichts der Gabe des bewussten Denkens hat sich die Menschheit nicht über eine egozentrische Perspektive hinaus entwickelt. Die Menschheit hat sich nicht über die Idee hinaus entwickelt, dass sie, und nur sie — und vielleicht noch ein paar ausgewählte "Freunde" — "auserwählt" sind. Die Menschheit ist das Zentrum des Universums, sie ist alles, was zählt. Sie hat Recht!

Du nimmst vielleicht Anstoss an diesem Kommentar. Wenn du das tust, dann deshalb, weil du immer noch ein Teil der Vergangenheit bist; du bist ein Teil des Problems, aus dem heraus dieser scheinbar ausser Kontrolle geratene Konflikt entstanden ist.

Wenn du in der Lage bist, dies zu lesen und bemerkst, dass kein Teil von dir ins Urteilen geht, in die Schuldzuweisung, dass kein Teil von dir reagiert, dass du einfach beobachtest, ohne dich beleidigt zu fühlen, dann bist du Teil einer sich abzeichnenden Lösung des Konflikts. Solange du reagierst, gibt es einen Teil von dir, der sich herausgefordert fühlt. Dieser Teil von dir muss ins Bewusstsein gebracht werden, umarmt, verstanden und geliebt werden, bis er in der Bedeutungslosigkeit verblasst. Solange er ein ungeliebter Teil deines Selbst bleibt, wird er weiterhin seine Energie in die Welt einbringen, die du erschaffst.

Unsere Realität erschaffen

Wenn du nicht daran glaubst, dass deine Gedanken deine Realität erschaffen, probiere eine einfache Übung aus. Wenn du dich das nächste Mal verletzt, etwas Kleines, nichts, was einen Besuch auf der Notfallaufnahme erfordert, erlaube dir, dich im Schmerz zu verlieren. Rufe dann einen besonderen Freund an. Wie lange hält der Schmerz an, während du in ein liebevolles, lachendes, ablenkendes Gespräch verwickelt bist? Und wie schnell kehrt der Schmerz zurück, nachdem du den Anruf beendet hast?

Wenn du Schwierigkeiten hast, dir das vorzustellen, probiere aus, mit einem Hammer auf deinen Daumen zu schlagen (nicht zu hart — wir wollen hier keine Selbstverstümmelung!). Nur ein kleiner Schlag. Autsch. Nun führe das Telefongespräch. Was passiert mit dem Schmerz, wenn du dich nicht mehr auf ihn konzentrierst?

Weisst du, wie es ist, sich wütend zu "fühlen"? Was denkst du, was mit dem Körper passiert, wenn du Wut "fühlst"? Wut entsteht als Ergebnis einer einfachen Verschiebung im chemischen Gleichgewicht des Körpers, weil wir zu irgendeinem Zeitpunkt in der Vergangenheit oder Gegenwart etwas persönlich genommen haben. Unsere Sichtweise wurde in Frage gestellt. Man hat uns das Gefühl gegeben, unsicher zu sein, schwach, ein Opfer. Wenn wir auf diese Weise herausgefordert werden, egal ob es ein bewusster Akt ist oder nicht, produziert unser Körper Chemikalien, die wir mit Unbehagen, Unsicherheit, Schwäche, Übelkeit in Verbindung bringen.

Dies kann das Ergebnis eines offenen Konflikts sein oder es kann einfach das Ergebnis davon sein, dass jemand den Raum betritt und seinen eigenen Schmerz und seine Unsicherheit überträgt.

Was auch immer die wahrgenommene "externe" Ursache ist, die Chemikalien, die mit jedem intensiven Gefühl verbunden sind, könnten nicht produziert werden, wenn die Neuronen in unserem Gehirn nicht darauf fixiert wären, diese Chemikalien zu produzieren. Der Körper würde diese Chemikalien nicht weiter produzieren, wenn wir ihm nicht sagen würden, dass er sie produzieren soll! Nun, das ist ein interessanter Gedanke. Der Körper würde die Chemikalien, die ich mit Wut verbinde, nicht produzieren, wenn ich ihm nicht sagen würde, dass er sie produzieren soll. Weder die Chemikalien der Wut noch die irgendeiner anderen Emotion.

Warum bestehen wir darauf, die Chemikalien zu erzeugen, die zum Beispiel mit Wut verbunden sind? Wenn wir wüssten, dass wir sie erzeugen, warum würden wir es weiterhin tun? Selbstrechtfertigung vielleicht? *Ich* wurde ungerecht behandelt. *Ich* bin gedemütigt worden. *Ich* fühle mich bedroht. Was genau in mir drin ist es, das sich ungerecht behandelt fühlt? Gedemütigt? Bedroht? Es kann nur das sein, wie ich mich selbst wahrnehme. Ist diese Wahrnehmung ein bewusster Akt oder gibt es etwas Tieferes, dessen ich mir nicht bewusst bin? Woher kommt diese Wahrnehmung des Selbst? Warum ist sie so wichtig? Ich meine zu wissen, dass es ein eingebauter Teil von mir ist oder zumindest zu sein scheint; es macht mich zu dem, der ich bin. Oder wer ich glaube zu sein. Wie würde ich mich identifizieren, wo wäre mein Platz in der Welt, wenn ich nicht mit bestimmten Überzeugungen, Sichtweisen, Wahrnehmungen verbunden wäre?

Wo, in der Tat? Sicherlich nicht in der Realität, in der du dich gerade befindest.

Sogar mit einem erhöhten Verständnis, sind wir immer noch auf der Achterbahn, auch wenn wir zu einer anderen Möglichkeit erwacht sind. Jetzt, mit der Idee, dass eine andere Zukunft möglich ist, werden wir von der "Tatsache" herausgefordert, dass wir immer noch auf der Achterbahn sind und etwas getan werden muss — wenn auch etwas anderes als das, was du in der Vergangenheit versucht hast, um über diesen unbequemen Zustand hinauszukommen, diesen Zustand des sich manifestierenden Konflikts. Aber das grundlegende Du hat sich noch nicht verändert. Wie sollte es das auch, wenn du immer noch ständig von Erinnerungen umgeben bist bezüglich wer du dachtest zu sein, von Regeln, von Urteilen, von Werten, von Menschen, die noch nicht zu neuen Möglichkeiten erwacht sind?

Alles um dich herum, deine Freunde, deine Familie, dein Zuhause, wie du den Tag verbringst, die Medien — alles lebt immer noch in der Welt des Konflikts. Selbst diejenigen, die sich gegen den Konflikt stellen, unterstützen das Konzept, dass der Konflikt real ist. Wir werden ständig an den Konflikt erinnert, ob er nun real oder eingebildet ist. Während sich unsere Energien auf Konflikte konzentrieren, egal ob real oder eingebildet, werden alte konditionierte Muster verstärkt. Das einzige Ergebnis dieser Verstärkung von konditionierten, polarisierten Werten ist — du hast es erraten — mehr Konflikt.

Du musst nicht in einem Land leben, das sich im Krieg mit einem anderen Land befindet, um einen Konflikt zu erleben. Du kannst das, was als asoziales Verhalten angesehen wird, in deiner Heimatstadt erleben. In vielen Städten und Gemeinden auf der ganzen Welt ist Gewalt auf den Strassen kein Fremdwort, obwohl die meisten von uns Gewalt nur im Fernseher zu sehen bekommen. Hast du dich jemals gefragt, warum das so ist?

Es mag Gewalt zwischen Gangs, Anhängern verschiedener Sportmannschaften, Gewalt gegen das "Establishment", Gewalt gegen die "Unschuldigen", die "Schwachen", die "Anderen" geben. Und wir sitzen vor unseren Fernsehern und fällen Urteile. Irgendwie werden wir emotional involviert. Es ist ein Teil des Menschseins, dass wir mit den Empfängern von gewalttätigem Verhalten mitfühlen. Wir werden in einer Welt gefangen, die nicht wirklich unsere Welt ist. Wir leben nur durch das Fernsehen in der Welt der Gewalt. Wenn wir in der Welt der Gewalt leben und sie aus erster Hand erfahren, sei es, dass wir Opfer von Gewalt werden, uns selbst gewalttätig verhalten oder einfach nur Gewalt beobachten, dann deshalb, weil sie ein Teil unserer Realität ist.

Nur wenige, wenn überhaupt, würden sich für eine gewalttätige Realität entscheiden, schon gar nicht, wenn sie sich der Ursache für gewalttätiges Verhalten bewusst wären, aber es ist dieser Mangel an Bewusstsein, der es der Gewalt ermöglicht, zu gedeihen. Es ist die Aufrechterhaltung alter Geschichten, die sich als Wahrheiten in uns etabliert haben, die das Feuer der Gewalt weiter anfachen. Und wir sind uns nicht einmal bewusst, dass wir das tun.

Wir denken vielleicht sogar, dass wir, weil wir gegen Gewalt sind, irgendwie helfen, das Problem zu lösen. Die Gesetzgebung ist ein beliebter Weg, um eine Gesellschaft zu kontrollieren. Verabschiedet mehr Gesetze! Als ob das jemals einen signifikanten Unterschied gemacht hätte. Trotz Gesetzen und Verordnungen haben wir immer noch das gleiche alte Problem des Aufwachens, nur um sich danach auf der

Spitze der Achterbahn wiederzufinden. Wenn die Werte einer Gesellschaft oder Gruppe bedroht sind, dann muss etwas getan werden, um das zu ändern.

Negative Energie verstärken

Die Gefahr dabei ist natürlich, je mehr wir versuchen, etwas zu reparieren, indem wir reagieren (Gesetze), desto mehr Energie fügen wir dem hinzu, was wir bekämpfen. Wenn wir also weiterhin reagieren und der Gewalt mit noch mehr Gewalt entgegentreten, kann das nur zu noch mehr Gewalt führen. Innerhalb dieses sich entfaltenden Dramas finden sich einige, nicht alle, wieder.

Wenn du dich jetzt hier wiederfindest, dann wisse, dass deine gegenwärtige Realität ein Produkt dessen ist, wer du bist, wer du geworden bist und sie wird sich nicht ändern, solange du ihr weiterhin Energie gibst. Egal, ob du ihr bewusst oder unbewusst aus deinen konditionierten Werten heraus Energie gibst; du solltest nicht erwarten, jemals einen Zustand des Friedens und des Glücks zu erreichen, indem du anhaltende Gewalt in irgendeiner ihrer Formen unterstützt. Genauso wenig wirst du Frieden finden, indem du dich der Gewalt widersetzt.

Wenn wir uns gegen etwas stellen, haben wir es sofort validiert, uns gesagt, dass es real ist. Das ist ein schwieriger Punkt, denn wenn du dich bereits einem Weg der Gewalt oder der Gewaltlosigkeit verschrieben hast, folgst du einfach dem Diktat deines konditionierten Wesens. Du folgst den Worten deiner Eltern, deiner Freunde, deiner "Führer", der Medien. Ein konditioniertes Wesen, das tut, was ein konditioniertes Wesen tut. Im Glauben, einen freien Willen zu haben, verhält sich das konditionierte Wesen auf die unsozialste Art und

Weise, weil es denkt und glaubt, im Recht zu sein, besser zu sein, mehr zu verdienen.

Im Allgemeinen ist es für jemanden, der in Gewalt involviert ist, sehr schwer, von der Gewalt Abstand zu nehmen, aus all den Gründen, die ich gerade genannt habe. Der einfache Akt, involviert zu sein, ist eine Herausforderung. Wenn man in der Unmittelbarkeit der Situation gefangen ist, in der Verzweiflung, dem Leiden, der Wut und den Schuldzuweisungen, dann ist die Gewalt das Endprodukt und entsteht aus der Unsicherheit ihrer Gegenspieler.

Es mag sein, dass in der Realität der sich manifestierenden Gewalt die gewaltsame Antwort als einzige Antwort erscheint. Doch wir müssen für einen Moment zurücktreten und sehen, wohin die fortgesetzte Gewalt uns führt. Wenn wir nicht bereit sind, weiteres Leid zu ertragen, dann muss sich etwas ändern. Wir müssen lernen zu verstehen, dass die traditionellen Methoden, mit denen wir Veränderungen herbeiführen wollen, in Wirklichkeit gar nichts ändern: Sie halten das Problem nur aufrecht und verschlimmern es.

Wenn wir tatsächlich in das Leiden involviert sind, ob wir nun andere unterdrücken oder unterdrückt werden, können wir kaum etwas anderes tun, als unsere Energien mit den anderen unserer eigenen Gruppe, unserer eigenen Gesellschaft, zu vereinen und weiter zu kämpfen. Aber, ironischerweise, egal ob wir den Kampf "gewinnen" oder nicht, wir werden verloren haben, denn die Wut, die Aggression, die Angst, die uns überhaupt erst in den Konflikt gebracht hat, ist immer noch da, immer noch ein inhärenter Teil unseres Wesens, sowohl individuell als auch kollektiv.

Ob Sieg oder Niederlage, im Grunde hat sich nichts geändert. Wenn ein Feind besiegt ist, muss ein anderer entstehen, um seinen Platz einzunehmen. Es kann nicht anders sein. Angst muss immer externalisiert werden; unsere Konditionierung diktiert, dass dies so sein muss. Aber die Externalisierung der Angst ist nur eine Vertuschung, eine Rationalisierung unserer eigenen tiefsten Unsicherheiten. Das liegt daran, dass die Existenz von Furcht, Angst oder Unsicherheit nur ein Produkt der Konditionierung ist, die vor allem dadurch am Leben erhalten wird, dass der Einzelne darauf besteht, zu glauben, dass er so ist, wie er ist. Du bist der Körper, du bist die Gefühle, du bist die Gedanken. In Wirklichkeit ist der Körper, wie wir bereits besprochen haben, das Gerät, durch das wir, die Seele/der Geist, das Leben in einer dreidimensionalen Realität erfahren.

Verlangen und Losgelöstheit

Der Körper ist ein erstaunliches Stück biologischer Chemie, das Daten aus seiner Umgebung aufnimmt, diese Daten analysiert, interpretiert und unserem Bewusstsein präsentiert. Daten werden durch die Augen gesammelt, wobei diejenigen von uns, die sehen können, das, was wir sehen, als Bilder, Farben und Formen interpretieren. Wir sammeln auch Daten durch Klang, durch Berührung, durch Geschmack, durch Geruch. Der Körper analysiert und kategorisiert diese Daten ständig und ein Produkt dieses Informationsaustausches ist die Produktion bestimmter Chemikalien. Wir bezeichnen dann die chemischen Verschiebungen im Körper als "Gefühle" oder "Emotionen". Wir glauben dann fälschlicherweise, dass die "Gefühle" zu uns gehören. Dieser Glaube wiederum sorgt dafür, dass die Produktion der Chemikalie fortgesetzt wird, was dazu dient, das Gefühl zu verstärken und somit den Glauben, dass das Gefühl uns gehört, weiter zu verstärken.

Wenn die Angst als eine Art "Unterprogramm" innerhalb des Systems existiert, dann wird jede Erfahrung, die auftaucht, von diesem Unterprogramm beeinflusst und gefärbt. Es ist nicht möglich, ein friedliches Leben zu führen, wenn dein Fundament nicht sicher ist. Alles, was du denkst, alles, was du tust, entspringt dem, was du glaubst, dass du es geworden bist. Viele der Konditionierungen, auf denen du dein Leben aufgebaut hast, wurden in dein Unterbewusstsein einprogrammiert. Oft waren wir uns nicht einmal bewusst, dass dies geschah; oft waren sich diejenigen, die uns programmiert haben, ihrer eigenen Programmierung nicht bewusst. Es war einfach so, wie die Dinge in der Vergangenheit gemacht wurden.

Für jeden, der nicht direkt in einen Konflikt verwickelt ist, ist es viel einfacher, den inneren Prozess der introspektiven Untersuchung zu beginnen. Wenn du sozusagen von aussen in den Konflikt zwischen zwei Gruppen hineinschaust, denen du nicht angehörst, wirst du die Dinge natürlich anders sehen als eine der beiden "Seiten", die in den Konflikt verwickelt sind. Du magst objektiver sein, du magst beide Seiten des Arguments sehen. Du magst immer noch von deinen eigenen konditionierten Werten beeinflusst sein, aber du wirst nicht so sehr in dem Drama verloren sein wie die direkten Teilnehmer.

Diese losgelöste Position bietet dir die Möglichkeit, etwas an der Situation zu "ändern". Was du tust, hängt von deinen eigenen Werten ab und davon, wie stark du fühlst. Unterstützt du eine der beiden Seiten in dem Konflikt? Hast du Mitleid mit einem der Beteiligten? Jeder von uns fällt in bestimmte etablierte Kategorien, bestimmte konditionierte Reaktionen auf eine bestimmte Situation, basierend auf unserer persönlichen Geschichte. Meistens werden wir Partei ergreifen, wir werden das Gefühl haben, dass etwas getan werden muss, wir werden uns vielleicht sogar auf irgendeiner Ebene einmischen, um zu helfen.

Ich erinnere mich, dass ich vor vielen Jahren unglaublich frustriert war über das, was ich als Ungerechtigkeit, Missbrauch und fehlendes Bewusstsein in so vielen Bereichen und an so vielen Orten wahrgenommen habe. Ich erinnere mich, dass ich dachte: "Wo soll ich anfangen? Welche Sache, oder welche Sachen, sind mehr wert? Wofür sollte ich mich engagieren? Welchen, wenn überhaupt, kann ich wirklich helfen?" Die Antwort? Keine! Ich sah all diese Themen als Symptome eines grösseren Problems. Wenn das grössere Problem nicht angegangen wurde, dann verschwendete ich einfach Zeit und Energie, indem ich mich auf die eine oder andere Seite stellte. Ich "sah" all die Probleme als Ablenkungen. Situationen, die mich damit beschäftigten, für dieses zu kämpfen, jenes zu verteidigen und dabei das grosse Ganze zu übersehen.

Aber was war das grosse Ganze? Was, wenn überhaupt, steckte hinter dem Chaos? Die Konflikte? Der Missbrauch der Umwelt? Waren es geheime Regierungen? Konzerne? Das Militär? Ausserirdische? Gibt es ein "grosses Bild"? Werden wir absichtlich im Dunkeln gehalten, mit dem grossen Bild, das vor uns verborgen ist? Das klingt wie eine Verschwörungstheorie! Es gibt alle möglichen Theorien, die versuchen zu erklären, was wirklich vor sich geht.

Es schwimmen so viele rote Heringe herum (laut Merriam Webster: "Etwas Unwichtiges, das benutzt wird, um Menschen davon abzuhalten, etwas Wichtiges zu bemerken oder darüber nachzudenken"), dass wir vor lauter Ablenkung das Wasser nicht mehr sehen können. So "real" sind die vielen Ablenkungen geworden, dass wir uns nicht einmal mehr an eine Zeit oder einen Ort vor den Ablenkungen erinnern können. Hat eine solche Zeit überhaupt existiert? Oder war die gesamte Zeit der menschlichen Besetzung dieses Planeten eine Reihe von Ablenkungen? Wenn das der Fall ist, wer oder was war dafür verantwortlich? Such dir etwas aus.

Aber denk daran, welchen roten Hering du auch immer wählst, es ist immer noch ein roter Hering, auch wenn er wie ein Blauflossenthunfisch aussehen mag. Du magst eine Antwort finden, die alle deine Fragen befriedigt — bis du eine andere Ebene des Bewusstseins erreichst (vorausgesetzt, du tust es)! Es wird wie ein weiterer Weckruf auf der Achterbahn sein. Irgendeine Situation taucht auf dem Weg auf, die dich dazu zwingt, einen weiteren Blick auf das Ablenkungsmanöver zu werfen, an dem du festhältst. Ist es echt? Oder fängt es an zu stinken, sich zu zersetzen, weil es von vornherein nie real war. Es hatte keine Realität, die du ihm nicht gegeben hast.

Weil alle Dinge vergänglich sind, sogar rote Heringe, verlieren sie früher oder später ihren Nutzen. Sie haben ihren Zweck erfüllt, indem sie dich von dem Puppenspieler, der hinter dem Vorhang agiert, abgelenkt haben. Mit deinem neuen Bewusstsein suchst du nach einer anderen Antwort, einem anderen Ablenkungsmanöver. Obwohl du zu diesem Zeitpunkt nicht erkennst, dass es ein roter Hering ist, nach dem du greifst, repräsentiert der Hering deine aktuellen, inneren Wünsche, deine Hoffnungen, deine Träume, deine Vorstellungen und deine Ängste. Der rote Hering ist eine Reflexion der kombinierten Aspekte des Selbst, so wie es zu diesem Zeitpunkt ist. Dieses "Selbst" besteht aus einer Menge unterbewusster Muster. Wenn es unterbewusst ist, dann bist du dir dessen nicht bewusst, sonst würde es nicht "unter"-bewusst genannt werden. Wo innerhalb der Persona ein Wunsch existiert, der nicht bewusst gemacht wurde, wird dieser Wunsch wie ein Magnet sein. Du wirst von diesem Verlangen angezogen, getrieben, gezwungen, ohne dass du dir völlig bewusst bist, warum. Dieses Verlangen ist nicht unbedingt etwas Positives.

Es kann ein Wunsch sein, die Bemühungen zu sabotieren, einen friedlicheren Zustand zu erreichen. Warum um alles in der Welt sollten wir uns selbst auf diese Weise sabotieren wollen? Nun, zunächst einmal ist diese Selbstsabotage keine bewusste Handlung. Das wäre ja verrückt. Vielmehr ist sie ein Produkt früher Konditionierung, von Mustern, die dir beigebracht wurden, wahrscheinlich ohne jegliches Bewusstsein seitens des Lehrers, die dir immer wieder sagten, dass du nicht gut genug bist. Wenn diese Konditionierung ein bewusster Akt des Lehrers war, dann haben wir es in der Tat mit einer Verschwörungstheorie zu tun, einer orchestrierten, um bestimmte Ziele zu erreichen. Wir kommen später auf diese Idee zurück.

Ein unterbewusster Wunsch, woher er auch immer kommen mag, welche Ursache ihn auch immer hervorgebracht haben mag, ist wie eine Ladung, die sich aufbaut und ausgedrückt werden muss. Stell dir einen Topf mit Wasser auf dem Herd vor, der vor sich hin kocht. Der Topf hat einen schweren Deckel, so dass sich der Druck in Form von Dampf im Topf aufbaut. Wenn der Druck das Gewicht des Deckels überwindet, entweicht der Dampf. Mit dem Verlangen ist es ähnlich. Verlangen kommt in vielen Formen. Sie kann von deinen Eltern kommen, als unerledigtes Geschäft, das von Generation zu Generation weitergegeben wird, bis die Ladung schliesslich erschöpft ist. Du hast dies vielleicht selbst erfahren, indem du einen Weg gegangen bist, der vielleicht als bewusste Entscheidung deinerseits verstanden wurde oder auch nicht.

Das Gefühl, getrieben, gezwungen zu sein, kann offensichtlich oder subtil sein. Es scheint oft so, als ob verschiedene Kinder in der Familie unterschiedliche Ladungen annehmen, abhängig von ihrer eigenen Seelenreise/persönlichen Geschichte.

Ich bin mir sicher, dass mein eigener Wunsch nach Reisen und Abenteuern von meinem Vater (und seinem Vater vor ihm?) kam. Ich war der Einzige in der Familie, der dieses Verlangen hatte. Erst später im Leben, nachdem ein Teil der Ladung aufgelöst worden war, erkannte ich, dass die Ladung vielleicht nicht "meine" war. Sie war tatsächlich an mich weitergegeben worden und stammte nicht von mir. Ich lebte diesen Wunsch aus, verbrachte Jahre mit Reisen und vielen Abenteuern, bis die Ladung erschöpft war und keine Ladung mehr übrig war. Mein Sohn hat diese Ladung nicht. Er hat vielleicht andere vererbt bekommen, aber nicht die Ladung des Reisens und der Abenteuer.

Ladung, in Form von Verlangen, kann von vielen Orten kommen. Es ist nicht immer eine negative Eigenschaft. Viele Wünsche sind in keiner Weise schädlich, obwohl einige es natürlich sein können. Du kannst mit Ladung geboren werden, entweder von deinen Vorfahren oder von deiner eigenen Vergangenheit, was wir im Moment "die Seelenreise" nennen werden. Ladung von deinen Eltern ist einfach genug zu verstehen. Wir mögen uns dessen bewusst sein oder auch nicht, dass wir unerledigte Angelegenheiten im Namen unserer Eltern abarbeiten, aber es ist einfach eine weitere Eigenschaft, die wir als selbstverständlich ansehen.

Ladung, die aus einer "früheren" Lebenserfahrung kommt, kann schwieriger zu verstehen sein, weil es keinen offensichtlichen logischen Grund gibt, warum wir diese bestimmten Verhaltensmuster, bestimmte "Erkenntnisse" oder "Tendenzen" haben. Es scheint keine logische Erklärung für diese Muster zu geben, besonders wenn es nichts in der Familiengeschichte gibt, mit dem wir sie in Verbindung bringen können. Manche Menschen nennen das "Seelengedächtnis". In meinem eigenen Fall war es ein eingebautes, tiefes Verständnis für die Lehren des Buddha. Dies war, neben anderen Dingen, etwas, das so offensichtlich nicht Teil meiner Ahnenerinnerungen war, dass es von irgendwo anders herkommen musste.

Aber woher kam es? Nun, wenn du mit einem Verständnis für die Lehren des Buddha geboren wirst, dann kannst du dir gut vorstellen, dass du ein vergangenes Leben als buddhistischer Mönch hattest. Wenn du mit fünf Jahren am Klavier sitzen und Beethoven wie ein Meister spielen kannst, dann besteht eine gute Chance, dass du vorher Klavier geübt hast. Die Liste ist natürlich sehr lang und wird benutzt, um Fähigkeiten, Wissen und Wünsche zu beschreiben und zu verstehen, die ausserhalb unseres alltäglichen Wissens liegen.

Diese Rationalisierung ist für eine Weile gut und notwendig, aber, wie die früheren Ablenkungsmanöver, wird auch sie irgendwann aus der Mode kommen und durch ein anderes Ablenkungsmanöver ersetzt werden! Wir werden so lange an Ideen, Wahrnehmungen, Werten und Urteilen festhalten, bis es keine Ablenkungsmanöver mehr gibt und wir nur noch das Meer selbst haben, aus dem alle Ablenkungsmanöver entstehen. Wir verwenden Erklärungen, die zu unseren aktuellen Vorstellungen, Werten und Überzeugungen passen, bis sich diese Vorstellungen, Werte und Überzeugungen ändern. Für manche ändern sie sich nie, für manche werden diese Ansichten einfach jeden Tag stärker. Aber für die Menschen, die endlich gegen die Wand gefahren sind und erkennen, dass das, was vorher war, keine Antworten bereithält, kein Entkommen aus der Achterbahn — diese Menschen werden Ablenkungsmanöver sehr schnell untersuchen und verwerfen, denn sie werden sich alle als unzureichend erweisen.

Ich habe gehört, dass es unser Karma und unser verschleiertes Bewusstsein sind, die uns daran hindern, die wahre Natur des Geistes zu erkennen. Die meisten von uns sind so sehr in ihrem Karma und hinter den Schleiern verloren, dass wir die wahre Natur des Geistes nicht einmal in Betracht ziehen! Karma kann auch als Ladung oder Verlangen verstanden werden, als energetische Prägungen, die wir entweder von unseren Eltern/Ahnen geerbt, als Teil der Reise der Seele mitgebracht oder auf dem Weg dieser menschlichen Erfahrung erworben haben.

Unsere Schleier sind die Glaubensmuster, Konditionierungen, Werte und Urteile, die uns in der frühen Kindheit beigebracht wurden, Lektionen, die ein Teil dessen werden, was wir glauben zu sein. Es sind diese Schleier, die diktieren, wie wir mit jeder karmischen Ladung oder jedem Wunsch, der auf unserem Weg auftaucht, umgehen oder nicht damit umgehen.

Es ist diese karmische Ladung, die losgelassen werden muss, vorausgesetzt, du bist auch nur im Entferntesten daran interessiert, die wahre Natur des Geistes zu verstehen und ein Leben zu führen, das dein volles Potential ausschöpft und nicht im Schatten deiner Vergangenheit liegt. Es ist unsere verschleierte Wahrnehmung, die uns daran hindert zu erkennen, dass wir überhaupt karmische Ladung haben, geschweige denn, dass wir sie loslassen müssen.

4

Karmische Ladung, Sehnsucht und Veränderung

Einfach ausgedrückt: Wenn wir mit einer Situation konfrontiert werden, egal welcher Art, befindet sich der Körper grösstenteils im Autopilot-Modus und die Neuronen feuern nach einem konditionierten Programm. Das Feuern der Neuronen erzeugt schliesslich Chemikalien, die kaskadenartig durch den Körper wandern und in verschiedene Zellen eindringen, je nach den Rezeptoren, die sich an der Zellwand befinden.

Dies erzeugt das, was wir ein "Gefühl" nennen, entweder körperlich oder emotional. Unser konditionierter Verstand denkt, dass das Gefühl zu uns gehört und informiert das Gehirn, das mehr Chemikalien produziert, die wir ernst nehmen müssen. Je mehr Chemikalien im Körper mit einem bestimmten Gefühl verbunden sind, desto ernster nehmen wir das Gefühl / die Emotion.

Diese "Kettenreaktion" ist oft unangenehm, so dass der konditionierte Verstand etwas ausserhalb von sich selbst findet, das für das Unbehagen verantwortlich ist: eine andere Person, eine Situation, das Wetter! Indem wir die Emotion/das Gefühl ernst nehmen, haben wir in der Tat den Körper vergiftet, indem wir ihm erlauben, mit giftigen Informationen/Chemikalien überflutet zu werden.

Das hat zwei grosse Konsequenzen: Erstens, das gesunde Gleichgewicht des Körpers ist betroffen, sowohl kurz- als auch langfristig. Wir konditionieren den Körper darauf, beim nächsten Mal einen grösseren Schuss der Chemikalien zu benötigen, was zu einem intensiveren Gefühl führt und die Fähigkeit des Körpers, einen gesunden Zustand aufrecht zu erhalten, weiter reduziert.

Zweitens hat sich die Energie, die der Körper sendet, verändert, vielleicht von einem friedlichen Zustand in einen aggressiven Zustand. Diese Übertragung wirkt sich auf andere und die Umwelt aus. Andere Menschen, die diese unsichtbare Übertragung aufgreifen — ihrerseits und abhängig von ihrer persönlichen Geschichte — werden sich mit der Emotion identifizieren, sie persönlich nehmen, mehr Chemikalien erzeugen, sich unwohl fühlen und ausserhalb von sich selbst nach einem Schuldigen suchen.

Diese Kettenreaktion breitet sich, wie fallende Dominosteine, vom Zentrum aus: je mehr Menschen sich mit dem Gefühl identifizieren, desto stärker ist das Energiefeld, desto wahrscheinlicher ist es, dass noch mehr Menschen betroffen sind. Das alles geschieht ohne die bewusste Beteiligung der Betroffenen.

Dies wird als "Aufladung" eines bestehenden Karmas bezeichnet oder möglicherweise sogar als Erschaffung neuer karmischer Ladung. Wann immer wir ein Gefühl persönlich nehmen, geben wir ihm Energie. Ganz einfach. Je mehr wir ein Gefühl persönlich nehmen, desto mehr Energie geben wir ihm. Wir sind davon überzeugt, dass das Gefühl unseres ist, denn welche mögliche Wahl haben wir denn?

Es ist möglicherweise wahr, dass die inkarnierte Erfahrung auf der Erde genau das ist. Sich in dem Drama zu verlieren! Das Drama und das Selbst ernst zu nehmen. Nicht mehr und nicht weniger. Stell dich in die Warteschlange, hol dir einen Körper, komme runter und feiere. Verliere dich in der Erfahrung. Spiele die Rolle gut, egal was diese Rolle ist, egal wie diese Rolle in dieser grossen Theaterproduktion andere verletzt! Vielleicht kamen die "Anderen" herunter, um die Rolle des Opfers zu spielen. Denn was nützt die Macht, wenn es niemanden gibt, über den man Macht hat?

Man braucht immer zwei Seiten.

Je extremer die Polarisierung, desto intensiver die Erfahrung.

Karma und aufgeladene Emotionen

Ich glaube nicht, dass dies der Fall ist. Ich glaube nicht, dass dies der ultimative Zweck des Lebens auf der Erde ist: Sich so völlig in der Inszenierung zu verlieren und die Rolle so gut zu spielen, ohne dass man über seine Handlungen nachdenkt oder Konsequenzen zieht. Ich glaube auch nicht, dass irgendwie alle deine "Sünden" (lies hier karmische Ladung) zusammen mit dem Körper beim Tod aufgelöst werden. Wenn du das glaubst, viel Glück, aber ich würde keine Wetten darauf eingehen.

Ich habe zu viele Beispiele von Ladung erlebt, die in der Umwelt zurückgelassen wurde, als dass ich weiterhin glauben könnte, dass sich Ladung beim Tod einfach auflöst. Diese Art von Ladung ist nicht immer mit dem Tod eines Individuums verbunden, obwohl es oft der Fall ist. Ladung kann auch das Ergebnis von Gewalt sein, sie kann das Ergebnis eines grossen Schreckens sein, einer emotionalen Auseinandersetzung. Jeder signifikante Ausdruck von Emotionen kann, wenn die Umweltbedingungen stimmen, in die Umwelt gelangen und dort bleiben. Es ist meine Erfahrung, dass derjenige, der für die Ladung verantwortlich war, immer noch in irgendeiner Weise mit dieser Ladung verbunden ist.

Wenn die Seele, wie ein Heissluftballon, versucht, aufzusteigen, dann ist der Körper der Passagier. Die ungehinderte Natur der Seele ist es, eins zu sein mit allem, was ist; die Natur des Körpers ist es, die Trennung von allem, was ist, zu erfahren. Die Seele inkarniert sich in einem Körper, um sich selbst zu erfahren, um Dinge zu erleben, die niemals erfahren werden könnten, wenn es keine Trennung oder scheinbare Trennung von allem, was ist, gäbe.

Jede bedeutsame Emotion, die vom Körper ausgedrückt wird, ohne sich ihrer Wirkung auf das Selbst und andere bewusst zu sein, bleibt noch lange bestehen nachdem die Person, die sie erzeugt hat, weitergezogen ist. Der Heissluftballon, die Seele, die versucht aufzusteigen, kann das nicht, wegen all dieser Fäden, die verbunden sind mit dem Ausdrücken der emotionalen Ladung, die nicht auf bewusste Weise losgelassen wurde.

Die Ladung, das Karma, muss ausgedrückt werden, muss abgearbeitet werden. Da die Ladung, auf die wir uns hier beziehen, von einem fühlenden Wesen geschaffen wurde, braucht es ein fühlendes Wesen, um die Ladung zu verarbeiten. Die Schwierigkeit besteht immer darin, dass das fühlende

Wesen, sobald es einen anderen Körper bekommt, durch den es die Ladung abarbeiten kann, vergisst, irgendeine Ladung abzuarbeiten und indem es sich selbst, seinen Körper, seine Gedanken und Emotionen ernst nimmt, fügt es nur noch mehr Ladung hinzu.

Mehr Ladung ist gleichbedeutend mit mehr Druck, mehr Druck ist gleichbedeutend mit mehr Intensität, mehr Intensität ist gleichbedeutend mit mehr Personalisierung mit der Ladung. Mehr Personalisierung mit der Ladung ist gleichbedeutend mit mehr Druck. Und so geht es weiter.

Bevor du überhaupt in Erwägung ziehst, irgendetwas loszulassen, musst du einen Grund haben, dies zu tun. Ein Grund ergibt sich oft aus der Erkenntnis, dass alles, was du in der Vergangenheit getan hast, um dein Leben zu verbessern, nicht funktioniert hat. Du stösst immer noch auf die gleichen alten Probleme und du bist es leid, sie auf die gleiche alte Art und Weise zu lösen. Einige der ersten Ergebnisse dieser Erkenntnis können dich davon überzeugen, das Problem aus einem anderen Blickwinkel zu betrachten. Das wird nicht funktionieren, denn im Grunde genommen ist die Person (Energie/Bewusstsein), die versucht, das Problem zu lösen, die gleiche, die das Problem überhaupt erst geschaffen hat. Aber, wir müssen es versuchen.

Wenn wir sehen, dass jeder modifizierte Ansatz nur eine weitere Ablenkung ist, ein anderer Weg, das gleiche alte Problem zu erleben, aber aus einer etwas anderen Perspektive, beginnen wir die Suche nach Antworten in der Ferne. Das ist nicht so einfach, denn unsere Fähigkeit, Probleme zu lösen, liegt in der Summe unserer vergangenen Erfahrungen. Wenn das Problem in erster Linie aufgrund unserer Wahrnehmungen, unserer Erwartungen entstanden ist, die Produkte einer vergangenen Konditionierung waren und wir die Summe all dieser Konditionierungen sind, dann ist es einfach nicht möglich, "ausserhalb" dieses konditionierten Modells nach Antworten zu suchen.

Schau dich um: Deine Welt ist wahrscheinlich voll von Informationen darüber, wie du dich verändern kannst. Bücher, Webseiten, Workshops, Seminare, Religionen — überall, wo du hinsiehst (einschliesslich dieses Buches!), bieten Menschen Ratschläge an, wie du dich verändern kannst. Die meisten der aktuellen Methoden, die angepriesen werden, um eine Veränderung zu erreichen, verlangen, dass du irgendetwas tust. Du sollst eine neue Fähigkeit erlernen, du sollst Geld ausgeben! Wir sollten allerdings im Hinterkopf behalten, wie eine Situation überhaupt entstanden ist, insbesondere eine Situation, die wir jetzt als unangenehm empfinden. Nachdem wir gewissermassen auf der Achterbahn aufgewacht sind, stellen wir fest, dass uns diese Fahrt nicht mehr gefällt und wir aussteigen wollen. Doch ohne die Verantwortung für die Rolle zu übernehmen, die wir bei der Erschaffung der Fahrt gespielt haben, werden wir immer in Schuld verhaftet sein und Schuld wird uns gefangen halten.

Manche Menschen wenden sich an ihren Gott. Das hilft nicht wirklich: es ist eher die Hingabe, die eine Veränderung ermöglicht. Hier eine Erklärung meines Standpunktes. Viele Menschen wenden sich an ihren Gott in der Erwartung, dass etwas ausserhalb des Selbst ihr eigenes Dilemma überwindet, ohne zu erkennen, welchen Anteil sie an der Entstehung des Dramas haben. Wie in diesem Buch ausführlich beschrieben, ist es für den Einzelnen bestenfalls schwierig, schlimmstenfalls unmöglich, die Rolle zu erkennen, die er spielt oder genauer gesagt, die Rolle, die seine Schattenseite bei der Erschaffung der einzigartigen Welt, in der er lebt, spielt. Wie im Detail erklärt, ist es für diejenigen, die in Schuldzuweisungen, Ängsten und Urteilen gefangen sind, ganz natürlich, die Ursache für ihren Kummer nach aussen zu verlagern. Da Individuen kollektiv andere, äussere Einflüsse für ihr Unbehagen verantwortlich machen, suchen sie externe Hilfe, um zu versuchen, ihre Probleme zu lösen.

In dem Glauben, vielleicht zu Recht, dass jede Unterstützung, die von anderen angeboten wird, begrenzt ist, wenden sie sich an die in ihren Augen ultimative Quelle für Hilfe, ihren Gott. Kein Gott hat Gewalt, Missbrauch und Konflikte gestoppt. Wir können Gewalt, Missbrauch und Konflikte stoppen. Ein guter Ort, um damit anzufangen, ist das Selbst, obwohl das Lernen, alle Aspekte des Selbst zu lieben, viel schwieriger ist als ein Gebet und aus der wertenden, tadelnden Sichtweise als unwirksam erscheinen mag, aber so sehen wir das Leben nur durch einen konditionierten Verstand. Hierin liegt natürlich das Dilemma. Wir operieren aus einem konditionierten Verstand heraus und glauben, dass das, was sich manifestiert, real ist und daher nur aus dem konditionierten Verstand heraus behandelt werden kann, in dem Gott ein Hauptakteur ist.

Die Herausforderung besteht darin, zu erkennen, dass unsere Wahrnehmungen begrenzt sind und die Antworten nicht innerhalb dieser Begrenzungen zu finden sind, daher der Hilferuf an Gott. Ein besonderer Weg wäre es, den Prozess des Loslassens von karmischer Ladung zu beginnen, anstatt sie aufrechtzuerhalten.

So wie ich es derzeit verstehe, gibt es drei Möglichkeiten, die karmische Ladung loszulassen.

1. Arbeite dich durch die Ladung durch, bis sie vollständig erschöpft ist. Das ist oft ein langer Weg, der mit Rückfällen behaftet ist, die der Ladung wieder Energie geben, was ihre Auflösung nur verzögert.

2. Wenn wir zu der Idee erwachen, dass Karma Ladung ist, können wir beginnen, unsere Energie nach und nach zurückzuziehen und so die Ladung zu reduzieren. Wenn wir diese Praxis fortsetzen, führt sie uns unweigerlich zum dritten Punkt.

3. Die Ladung, Karma, gehört niemandem, es ist einfach eine Ladung, mit der wir uns in der Vergangenheit verbunden gefühlt haben, diese Identifikation hat uns zu der Annahme geführt, dass sie "unsere" ist. Diese neue Erkenntnis entsteht auf einer gewissen Ebene des Bewusstseins, die keine weitere Identifikation mit der Ladung mehr zulässt. Die Ladung wird immer noch auftauchen, denn das ist die Natur der Welt, in der wir leben, aber es wird keine Identifikation, keine Personalisierung mit der Ladung mehr geben. So wird die Intensität der individuellen Ladung abnehmen, was es wiederum leichter macht, zu akzeptieren ohne Ladung zu verstärken.

Zu erkennen, dass jede Handlung, jede Situation, jede Beziehung als karmisch gesehen werden kann, hilft, denn damit kommt die Erkenntnis, dass, wenn wir die Situation weiterhin aufladen, sie sich weiterhin für uns zeigen wird. Wir können auch sehen, dass die Situation umso mächtiger wird, je mehr Energie wir ihr geben. Auch wenn dies zu diesem Zeitpunkt eine Angstreaktion hervorrufen kann, ist es sehr befreiend und ermächtigend. Wenn es sehr offensichtlich wird, dass das, worauf du deine Energie, deine Gedanken und deine Emotionen richtest, die Welt erschafft, in der du lebst, startest du mit dem Prozess, diese Macht zurückzunehmen und etwas Neues, etwas anderes zu erschaffen.

Wie wir jedoch gesehen haben, entspringen unsere ersten Versuche, etwas Neues zu erschaffen, immer noch unserer vergangenen Konditionierung und erschaffen einfach mehr vom Gleichen — vielleicht mit einer etwas anderen Wendung, aber dennoch das Gleiche. Wenn wir weiterhin diesem Weg folgen, dem Weg der Erkenntnis, dass jedes Mal, wenn wir uns mit einem Gedanken/Gefühl oder einer Emotion identifizieren, wir diese aufladen, hingegen jedes Mal, wenn wir diese würdigen und akzeptieren, wir Ladung auflösen, wird die Veränderung, für die wir uns öffnen, schliesslich die vergangene Programmierung verändern. Bis wir diese Sichtweise akzeptieren, werden wir weiterhin verschiedene Ladungen verstärken und den Druck weiter erhöhen.

Auflösen und Verändern der karmischen Ladung

Wenn wir verstehen, dass alle Situationen ein karmisches Element haben, werden wir nach Wegen zur Veränderung suchen. Die erste Ebene der Veränderung ist, wie ich es sehe, sich einfach durch die Ladung zu arbeiten, bis sie erschöpft ist. Das ist in Ordnung, solange die Ladung nicht für andere schädlich ist. Die Reise- und Abenteuerladung, die ich geerbt habe, erschöpfte sich durch viele Reisen und Abenteuer, bis keine Ladung mehr übrig war. Das ist eine Möglichkeit, damit umzugehen.

Wenn die Ladung als unsozial angesehen wird, dann wird die Gesellschaft versuchen, dich zu stoppen und dich ins Gefängnis stecken, wenn sie dich erwischt. Dort wirst du büssen und "erzogen", damit du besser in die Gesellschaft passt, wenn du entlassen wirst. Das ist ein Witz; kein lustiger Witz, aber lachhaft in seinem kompletten Mangel an Ehrlichkeit. Du magst vorübergehend, manchmal auch dauerhaft, aus der Gesellschaft entfernt worden sein, aber die Ladung ist nicht aufgelöst worden. Ohne ein Ventil baut sich die Ladung auf und es sollte offensichtlich sein, was passiert, wenn der Druck jegliche auferlegten Grenzen überschreitet.

"Probleme" existieren in der Gesellschaft nur aufgrund des völligen Mangels an Bewusstsein oder aufgrund der Verdrängung. Beides ermöglicht, dass sich Ladung überhaupt erst aufbaut.

Vielleicht ist es nicht die beste Lösung, der Ladung ihren Lauf zu lassen, wenn dieser Lauf bedeutet, anderen zu schaden. Diese Art von Karma existiert in Individuen und Gruppen, Religionen, Ländern und Ethnien. Wenn es Religionen betrifft, ist Gott die Ausrede; wenn es Länder betrifft, ist die nationale Sicherheit die Ausrede; wenn es Individuen betrifft, gibt es viele Ausreden: Hautfarbe, Nachbarschaft, finanzieller Status, schlechte Bildung. Doch wir sind alle schlecht erzogen — und das ist natürlich das einzige Problem.

Serienmörder, die in der Gesellschaft ihr Unwesen treiben, sind also nicht in Ordnung; aber wenn sich das Töten gegen nicht-einheimische Bürger richtet, wie in einem Krieg, dann ist es in Ordnung. Ein Wahnsinn, oder?

Wir haben vielleicht mehr Erfolg, wenn wir den Fokus wieder auf das Individuum richten, denn es ist das Individuum, das die Welt "sieht" und die Fähigkeit hat, das zu verändern, was es sieht, anstatt zu versuchen, mit den fanatischen Aktionen grosser Gruppen von Menschen umzugehen.

Wenn wir erlauben, dass Ladung sich erschöpft, entweder bewusst oder mit nur teilweisem Bewusstsein, passieren mehrere Dinge. Nehmen wir für einen Moment an, dass wir nur ein begrenztes Bewusstsein dafür haben, dass alles karmische Ladung ist und wir uns bemühen, ihr nicht noch mehr Energie zu geben. Wenn wir zu dem werden, worauf wir unsere Aufmerksamkeit richten, dann sollten wir durch die Veränderung des Fokus in der Lage sein, die Menge an Energie zu reduzieren, die wir alten Mustern geben. Dies scheint zunächst harte Arbeit zu sein, denn wir kämpfen gegen unser Selbst, das konditionierte Selbst, will heissen, das akzeptierte Selbst. Solange wir gegen unsere eigene Konditionierung kämpfen, kann es keinen Gewinner geben, denn das "Bedürfnis", zu kämpfen ist in Wirklichkeit ein inneres Ungleichgewicht, das durch Schuldzuweisungen und Urteile hervorgerufen wird. Solange wir fortfahren zu tadeln und zu beurteilen, werden wir weiterhin mit uns selbst kämpfen.

Um den Prozess der Fokusveränderung zu erleichtern, hilft es, ein Werkzeug zu haben, eine Methode, die, je mehr sie benutzt wird, umso veralteter wird. Es hat keinen Wert, eine Krücke gegen eine andere auszutauschen, wenn du von dem neuen Weg genauso abhängig wirst, wie du es von dem alten warst. Es liegt in unserer Natur, dies zu tun, uns nach dem einzigartigen Etwas umzusehen, das für uns funktioniert. Leider wird keine der neuen Methoden funktionieren, wenn sie darauf ausgelegt ist, Abhängigkeit zu schaffen. Bei den meisten Methoden geht es nicht so sehr darum, anderen zu helfen, sondern sich selbst zu helfen, Hierarchien zu schaffen,

Stufen zu errichten, die du erreichen musst, bevor du auf dem Weg weitergehen kannst.

Auf dieser Reise gibt es keine Stufen, denn es gibt keine Reise. Und doch denken wir die ganze Zeit, dass es eine Reise gibt und es ist diese Annahme, die von vielen der Methoden da draussen unterstützt wird, die das Bedürfnis zu "tun" aufrechterhält.

Während wir von egozentrischen Wünschen angetrieben werden, ist das Erreichen einer Topposition wichtig, weil das Selbst an Prestige gewinnt, ein Gefühl der Macht. Aber wenn es die Spitze erreicht und den Antrieb, der es dorthin gebracht hat, erschöpft hat, bleibt ein leeres Gefühl zurück, das nach einer weiteren Reise, einer weiteren Suche nach dem ultimativen Glück verlangt.

Es gibt mehrere Gründe für dieses anhaltende Verlangen nach mehr, nach einem weiteren Berg, den es zu erklimmen gilt. Die meisten dieser Gründe sind eher biologisch als bewusst. Stell dir vor, du bist süchtig nach einer Substanz: Schokolade, Kaffee, Zigaretten, Alkohol, Drogen, sogar nach dem Adrenalinrausch, den du beim Extremsport bekommst. Jede Sucht führt dazu, dass bestimmte Chemikalien im Körper freigesetzt werden; der Körper gewöhnt sich an die Chemikalien und benötigt noch mehr, um die gleichen Ergebnisse wie ursprünglich zu erleben. Der Körper sucht nach weiteren Erfahrungen, die den chemischen Rausch auslösen werden.

Erinnere dich an die Geschichte in Kapitel 1 über den jungen Mann, der überall, wo er hinschaute, Gewalt sah. Sein Körper "wählte" eine Realität, die seine unterbewusste Sucht fütterte. Wir alle tun das; es ist ein unvermeidlicher Teil des Prozesses der Identifikation mit den Chemikalien, die wir als bestimmte Gefühle bezeichnen. Je mehr wir uns mit ihnen identifizieren, desto mehr werden wir zu ihnen; je mehr wir zu ihnen werden, desto mehr suchen wir nach Situationen, die die Produktion dieser Chemikalien stimulieren. Es ist leicht, sich das bei einer Person vorzustellen, die süchtig nach einer physischen Substanz ist, wie Drogen, Alkohol oder Schokolade! Immer noch einer, noch ein Zug — und doch ist einer nie genug.

Es ist nicht so einfach, eine Sucht zu erkennen, wenn keine physische Substanz im Spiel ist. Zum Beispiel der junge Mann, der überall, wo er hinging, Menschen kämpfen sah — das klingt auf den ersten Blick nicht nach einer Sucht. Aber wenn wir den Weg, der zu dieser besonderen Wahrnehmung führte, in der Zeit zurückverfolgen, können wir uns das vorstellen, obwohl wir die genauen Ereignisse, die zu diesem Zustand führten, nicht kennen.

Vor allem, weil wir über eine einzigartige Achterbahnfahrt sprechen und wir auf einem Teil der Fahrt erwacht sind, sind wir uns noch keines tatsächlichen Startpunktes für diese besondere Fahrt bewusst. Wir könnten sagen, dass es die Geburt des physischen Körpers war (ein guter Ort, um anzufangen), aber das erklärt nicht wirklich, warum eine Seele wählen würde, in eine Umgebung geboren zu werden, in der es eine Menge Gewalt gab; das heisst, angenommen, die Seele hat eine Wahl, wann und wo sie in einen physischen Körper geboren wird.

Für diese Geschichte nehmen wir einfach an, dass die Seele in einer anderen Inkarnation eine Menge Gewalt erlebt hat. Dieser Körper verlor sich in dem Drama und nahm alles sehr persönlich. Wie bereits erwähnt, kann karmische Ladung entweder hinzugefügt oder aufgelöst werden. Wenn wir einer

Sache Energie geben, verstärken wir die Ladung. Die Ladung baut sich auf und bleibt auch nach dem Tod des physischen Körpers bestehen. Manchmal bleibt die Ladung an dem Ort, an dem der Körper gestorben ist. Wir sind darauf konditioniert, diese Welt als eine dreidimensionale Realität zu sehen. Die Stringtheorie in der Physik legt jedoch nahe, dass es mehr Dimensionen geben könnte, als wir derzeit wahrnehmen. Wenn dies der Fall ist und ich habe keinen Grund, daran zu zweifeln, dann könnte die Ladung in einer Dimension existieren, die in irgendeiner Weise alle anderen Dimensionen beeinflussen kann. Auf diese Weise kann die Information über diese Ladung möglicherweise von einer oder vielen Dimensionen abgerufen werden. Einer der faszinierenden Aspekte des Bewusstseins ist, dass es innerhalb und jenseits von Zeit und Raum existiert. Nur der physische Körper ist an eine Zeit und einen Ort gebunden, nicht das Bewusstsein des physischen Körpers.

So kann man sich die Ladung der Gewalt als eine dunkle Wolke vorstellen, die in und jenseits von Zeit und Raum existiert, denn sie ist nicht mehr mit dem physischen Körper verbunden, der sie auf Zeit und Raum begrenzt. Diese dunkle Wolke, diese Ladung, muss aufgelöst werden, aber sie kann nur durch einen bewussten Akt aufgelöst werden. Wenn die Ladung nicht vor dem Tod losgelassen wird, dann wird sie, immer noch mit der Seele verbunden, einen Teil der Ladung bilden, die in einem physischen Körper wiedergeboren wird. Es sind diese Ladungen, die bestimmte Zustände erklären, die scheinbar schon vorher vorhanden sind und die die Grundlage für die nächste physische Erfahrung bilden. Ich vermute, dass es diese vorbestehenden Bedingungen sind, die das Wann und Wo der Geburt ins Physische beeinflussen.

Wenn es, wie in diesem Fall, einen vorbestehenden Zustand der Gewalt gibt, wird eine Ladung (Karma), die "abgearbeitet" werden muss, zu der besten Umgebung gravitieren, wo diese Ladung erkannt und durchgearbeitet, verstanden oder losgelassen werden kann. Damit ist die Bühne für ein weiteres Drama bereitet: Die inkarnierende Seele "fällt" in den Körper, das Baby wird geboren und der ganze Prozess des Sich-ernst-Nehmens beginnt von neuem. Das kleine Kind wird von seiner physischen Welt, den Eltern, Freunden und seinem sozialen, politischen und religiösen Umfeld konditioniert. Wenn es irgendwelche vorbestehenden Ladungen gibt, die einen Teil des Gesamtpakets ausmachen, dann wird diese Person, je nach Grad der Ladung, mehr oder weniger intensiv, es entweder leicht finden, die Ladung zu erkennen oder sich wieder völlig darin verlieren.

Wenn es, wie in unserem Beispiel hier, eine starke Vorbelastung rund um Gewalt gab, dann wird sich diese Person unbewusst zu Gewalt hingezogen fühlen. Oft wird eine Familie oder ein Mitglied der Familie gewalttätige Tendenzen zeigen und so dem Kind die Tür zum Eintritt in eine gewalttätige Welt öffnen. Der junge Körper gewöhnt sich an das Erleben von Gewalt, auch wenn er es nicht unbedingt geniesst. Der physische Körper verändert sich entsprechend der Umgebung, in der er sich entwickelt. Diese Veränderung wird nicht durch irgendein bewusstes Erkennen angeregt; sie geschieht einfach aufgrund der Bedingungen, die vorherrschen.

Wenn du nach Hause kommst und jeden Abend gewalttätiges Verhalten antriffst, dann erwartest du gewalttätiges Verhalten, wenn du nach Hause kommst. Du assoziierst Gewalt mit bestimmten Bedingungen. Wenn die vorbestehende Ladung stark genug gewesen war, wurdest du in eine gewalttätige Nachbarschaft hineingeboren, was deinem Geist bestätigt, dass die Welt gewalttätig ist und du passt dich an, um zu überleben. Du wirst deinerseits gewalttätig.

Ich wurde einmal Zeuge, wie ein Vater seinen zweijährigen Sohn schlug und griff ein. Als ich ihn fragte, was er da tue, antwortete er: "Mein Vater hat das mit mir gemacht und es hat keine Probleme verursacht!" Wie kannst du mit dieser Art von Logik argumentieren? Das ist die Antwort, die wir von jemandem erwarten, der noch nicht auf der Achterbahnfahrt erwacht ist.

Wird dieses Kind seine eigenen Kinder schlagen?

Ich bin mir nicht sicher, was der Auslöser ist, der uns auf der Achterbahnfahrt erwachen lässt. Ich vermute, es ist die Art und Weise, wie wir mit Erfahrungen in der "Vergangenheit" umgegangen sind, die bestimmt, wie wir das Leben in der "Zukunft" erleben werden.

Im gegenwärtigen Moment leben

Uns wird oft gesagt, dass sich alles um das Hier und Jetzt dreht. Im Moment zu leben. Kein Zweifel — der Moment ist das, worum es geht. Doch was ist dieser Moment? Die meisten Menschen, mit denen ich arbeite, leben entweder in der "Vergangenheit" oder in der "Zukunft". Natürlich sind auch sie im Moment — es gibt keinen anderen Ort, an dem sie sein können — aber die Abhängigkeiten von der Vergangenheit projizieren uns in eine Zukunft, die uns so sehr beschäftigt, dass wir es nicht schaffen, den Moment ausserhalb der Konditionierung, der Abhängigkeiten, die im Körper aufgebaut wurden, zu erleben. Es ist der Gedanke, dass es etwas Besseres als das hier geben muss, der uns aus dem Moment

reisst. Es ist der Schmerz und das Leiden, die bereits exis-
tierende Ladung, die noch nicht losgelassen wurde, die uns
sowohl tiefer in die Erfahrung der Produkte der Ladung treibt,
als auch den Wunsch erzeugt, dieser Ladung zu entkommen.

Der Körper ist, ohne unser bewusstes Zutun, süchtig nach
bestimmten Erfahrungen geworden, so sehr, dass er die Welt
mit den Augen eines Süchtigen sieht. Er "sieht", was er zu sehen
erwartet, erlebt, was er zu erleben erwartet und merkt nicht
einmal, was passiert oder warum, geschweige denn, dass es
einen Ausweg gibt. Je süchtiger der Körper nach bestimmten
Chemikalien und Erfahrungen wird, desto schwieriger ist es,
aus dieser Realität aufzuwachen. Hier stellt sich die grosse
Frage: "Ist es notwendig, dass wir aufwachen oder müssen wir
einfach die Fahrt geniessen?" Nun, auch wenn wir die Fahrt
geniessen, weil es eine lustige Sache zu sein scheint — ein
guter Weg, sich die Zeit zu vertreiben — wenn die Fahrt unangenehm, gewalttätig, voller Schmerz und Leid wird, wie es für
viele der Fall ist, ist es dann immer noch eine lustige Sache?
Frage die Menschen, die "Opfer" von Gewalt, Unterdrückung
und Missbrauch sind — haben sie Spass?

Warum bekommen einige Menschen eine vergnügli-
che Reise und andere ein Leben voller Leid? Wenn mein
Verständnis der Reise und wie wir auf Erfahrungen entlang
des Weges reagieren, auch nur annähernd der Wahrheit
entspricht, dann sind wir alle, jeder Einzelne von uns, verantwortlich für die Welt, in der wir leben. So unangenehm oder
schwierig es auch sein mag, dies zu akzeptieren, glaube ich,
dass wir uns nur durch eine Veränderung unserer Beziehung
zu den Erfahrungen von noch mehr vom Gleichen befreien
können. Dies ist sehr schwer zu tun, wenn dir beigebracht
wird, dass deine Nachbarn minderwertig sind, böse sind

und Babys essen und während dein gesamtes Umfeld die Konditionierung verstärkt, die dir als Kind auferlegt wurde. Es kann keine Opfer der Umstände geben, weil wir alle ein Produkt dessen sind, wie wir mit den Situationen in der Vergangenheit umgegangen sind oder nicht damit umgegangen sind.

Der Wahnsinn muss aber irgendwo aufhören. Wenn wir uns nicht aus dem kollektiven Albtraum loslösen, dann verstärken wir den Albtraum weiter. Wenn ein Land Hass gegen ein anderes Land predigt, dann reagiert das andere Land und die Situation gerät ausser Kontrolle. Jedes Land folgt einem traditionellen Muster des Hasses, das ursprünglich aus der Identifikation mit Emotionen geboren wurde.

Diesen Kreislauf der Ereignisse zu verstehen, wie sich Situationen entwickeln, entfalten und manifestieren, ist ein Teil des Schlüssels zur Veränderung. Nicht die Veränderung innerhalb eines Systems, denn das System hat viele Gelegenheiten bekommen, um zu zeigen, dass es funktioniert und eine Welt schaffen kann, in der alle gedeihen können. Und doch hat es versagt, kontinuierlich, kläglich. Antworten, wenn sie denn nötig sind, sind nicht in der bestehenden Realität zu finden, in der sich viele Menschen heute befinden.

Nachhaltige Veränderung kann nicht aus dem System heraus kommen, das eine chaotische Realität geschaffen hat. Jeder Versuch einer Veränderung innerhalb eines Systems ist an die gleichen Regeln gebunden, die die aktuelle Realität geschaffen haben. Es ist unsere Anhaftung an die gegenwärtig akzeptierte Art, Dinge zu tun, die uns als Gefangene in einem System hält, das nicht nachhaltig ist. Es sind unsere unterbewussten Abhängigkeiten, die uns daran hindern, über diese selbst auferlegten Einschränkungen hinaus zu sehen.

Wir können einfach weitermachen mit dem, was wir tun, was wir seit Jahrtausenden tun, auf Veränderung hoffen, auf göttliche Intervention warten, darauf warten, dass sich die Welt verändert. Das Warten ist jedoch einfach eine Kombination aus Akzeptanz der Situation und unserer Frustration darüber, dass wir nichts tun können, um sie zu verändern. Veränderung ist nicht möglich, solange wir polarisiert bleiben. Wir bleiben polarisiert, weil wir denken, dass wir im Recht sind. Der Glaube, dass wir im Recht sind, gibt dem wahnhaften Konzept, dass es ein Richtig und ein Falsch gibt, Energie. Aber richtig und falsch kann nur aus dem Glauben an die Dualität entstehen. Es ist dieser fundamentale Glaube, der jeglichen Konflikt entstehen lässt.

Realität versus
Wahrnehmung

Wir sind in einem Kreislauf von Ursache und Wirkung gefangen, ohne die Ursache zu kennen. Alles, was wir tun können, ist, uns mit der Wirkung "beschäftigen". Indem wir uns mit der Wirkung auseinandersetzen, geben wir der Situation unbewusst Energie. Wir verbringen unser Leben mit Schadensbegrenzung und löschen die Brände, die wir gelegt haben. Wir sind so sehr damit beschäftigt, dass wir nicht sehen können, dass wir selber es sind, die die Brände entfachen. Wir verletzen vielleicht nicht persönlich die Rechte und das Leben anderer, dennoch fühlen wir uns vielleicht schuldig und diese Schuld veranlasst uns, etwas gegen die Situation zu "tun". Aber wenn das Konzept des Einsseins auch nur ansatzweise wahr ist, dann sind wir direkt verantwortlich für jede Verletzung.

Gib die Schuld, wem immer du willst — nichts wird jemals durch Schuldzuweisungen gelöst. Immer schafft diese

Externalisierung unserer eigenen Schattenseite die Realität, gegen die wir kämpfen. Solange wir in einer Welt von schwarz und weiss, richtig und falsch, gut und schlecht leben, werden wir weiterhin die Ergebnisse dieser Wahrnehmung erleben. Solange wir fortfahren, die Manifestation unserer eigenen Werte, unserer eigenen Urteile zu erleben, werden wir weiterhin leiden, kämpfen und gegen das ankämpfen, was wir für falsch halten. Wir werden unsere Zeit, unser Geld, unsere Energie, unsere Lebenskraft darauf verwenden, für etwas zu kämpfen, von dem wir glauben, dass es richtig ist und gegen das zu kämpfen, von dem wir glauben, dass es falsch ist.

Dieser Prozess ist nicht neu; er läuft schon seit sehr langer Zeit — zumindest "scheint" er schon sehr lange zu laufen. Die scheinbare Realität, in der wir uns wiederfinden auf dieser besonderen Achterbahnfahrt mit dem Titel "das fortwährende Ergebnis des polarisierten Denkens", ist voller Konflikte. In dieser Realität braucht das "Gute" immer das "Böse". Ohne das Böse kann das Gute nicht existieren. Ohne einen Feind, real oder wahrgenommen, kann eine Person oder ein Land nicht die Angst nutzen, die Opposition stimuliert, kann den polarisierten Zustand nicht aufrechterhalten, der so notwendig ist, um andere in der Schadensbegrenzung festhängen zu lassen. Während wir in der Schadensbegrenzung gefangen sind, gibt es wenig Gelegenheit, einen Schritt zurückzutreten und die Realität zu hinterfragen: Sie ist einfach so.

Die Frage könnte nun lauten: "Ist dies die einzige Realität, auf die ich jetzt Zugriff habe?" Eine seltsame Frage: Natürlich ist sie das, denn ich bin in ihr, sie ist überall um mich herum, sie ist das, was real ist! Nun, natürlich würdest du das sagen — du musst das sagen, angesichts deiner persönlichen Geschichte. Deine Realität kann Krieg sein, es kann relativer

Frieden sein, es kann ein Kampf gegen eine Macht sein, die du als falsch erachtest, es kann eine idyllische Realität sein … die Liste ist endlos. Dennoch bist du immer noch in der Welt, du bist immer noch ein Teil der grösseren Realität, die jetzt, dank der Medien, sowohl in den Unternehmen als auch in der Gesellschaft, offensichtlicher denn je geworden ist.

Es gibt nur wenige Orte in dieser Realität, an denen du dem Chaos, das dich umgibt, entkommen kannst. Deine Vergangenheit wird deine Gegenwart und deine Zukunft diktieren, wenn du nicht den Prozess durchschaust, der dies erschafft. So wirst du deinen eigenen Platz in der Welt gefunden haben, sei er bequem oder nicht. Dieser Platz kann verschiedene Aspekte deines Selbst verleugnen, Aspekte, die noch nicht ins Bewusstsein gebracht, umarmt und akzeptiert worden sind. Dies sind die Schattenaspekte deines grösseren Selbst und während du sie weiterhin verleugnest, werden sie ohne deine bewusste Beteiligung weiter agieren und die Welt, in der du lebst, miterschaffen.

Ich glaube, dass alles, was wir täglich erleben und wie wir auf jede einzelne Situation reagieren, eine perfekte Reflexion dessen ist, wer wir in diesem Moment sind. Wenn wir in dem, was wir glauben zu sein, verloren sind, dann gibt es keinen Teil von uns, der die Situation objektiv beobachten kann. Für uns ist es dann einfach so. Wir mögen glauben, dass wir eine Wahl haben, aber jede Wahl, die uns zur Verfügung steht, existiert nur innerhalb der Realität, die wir für uns selbst geschaffen haben.

Wenn du mit deiner Welt zufrieden bist, wenn du verstehst, dass das Leben ein Spiel ist und du nur ein Schauspieler auf der Bühne des Lebens bist, dann mach weiter so. Wenn du zufrieden bist, für eine Sache zu kämpfen, dann mach weiter so. Wenn du glaubst, dass du den Höhepunkt deiner evolutionären Möglichkeiten erreicht hast, dann mach weiter so. Aber wenn du denkst, dass es Raum für Verbesserungen gibt, dann nimm dir einen Moment Zeit, halte inne und schau dich um. Glaubst du wirklich, dass du einem anderen helfen kannst, ohne zuerst dir selbst zu helfen?

Wer ist es, der versucht, anderen zu helfen? Wer ist es, der Schuldgefühle oder Traurigkeit empfindet, wenn er Bilder von Missbrauch sieht? Wer will andere "reparieren"? Andere verändern? Das "Wer" ist meistens die Persona. Die Persona ist das Produkt der Vergangenheit. Eine Vergangenheit, die das Selbst darauf konditioniert hat, an bestimmte Werte zu glauben, sich auf eine bestimmte Weise zu verhalten, die Welt mit Augen zu sehen, die durch Angst verschmutzt wurden.

Natürlich gibt es Menschen, die anderen aufrichtig helfen wollen. Aber wir müssen hier unsere Motivation hinterfragen. Warum gibt es überhaupt ein Bedürfnis, anderen zu helfen? Es gibt viele Faktoren, die unsere Motivation beeinflussen und es gibt viele Wege, wie Menschen versuchen zu helfen. Die Tatsache bleibt jedoch, dass, wenn Hilfe benötigt wird, durchaus etwas im System falsch sein könnte, was das Bedürfnis nach Hilfe überhaupt erst entstehen liess.

Hilfe oder der Wunsch zu helfen, entsteht oft aus dem Urteil und der Etikettierung derjenigen, die "Hilfe" brauchen, als weniger glücklich als wir. Wenn der Zustand des Einsseins eine Realität ist, ein Zustand, den viele von uns immer noch nicht zu schätzen wissen, dann gibt es da draussen niemanden, der nicht ein Teil von dir ist, niemanden, von dem du nicht ein Teil bist. Wenn Hilfe erforderlich zu sein scheint, kommt sie meist von einem Ort der Trennung. Von diesem Ort der Trennung aus muss es jemanden oder eine Gruppe von

Menschen gegeben haben, die das Leiden verursacht haben, bei dem eine Seite des Konflikts Hilfe braucht, um daraus zu entkommen. Wenn wir uns in dem Versuch verfangen, denjenigen zu helfen, die weniger Glück haben als wir selbst (!), übersehen wir den wichtigsten Punkt: Der Bedarf an Hilfe ist ein Endresultat von Menschen, die freiwillig oder aus anderen Gründen Partei ergriffen haben.

Wir mögen glauben, dass einige, besonders Kinder, unschuldig sind. Doch warum wurden diese Kinder zu diesen Eltern geboren? Warum wurdest du von deinen Eltern geboren? War es einfach ein zufälliger Akt, dass du an einem bestimmten Ort, zu einer bestimmten Zeit, in einer bestimmten Situation geboren wurdest? Hatte deine Geburt, wo und wann auch immer, keine eigene Vergangenheit, die sie antrieb, keine Ladung, die verarbeitet werden musste?

Ein Zustand der Unschuld bedingt eine nicht konditionierte Vergangenheit, keine karmische Ladung, keine von den Eltern oder Grosseltern weitergegebenen Eigenschaften, keine Konditionierung im Mutterleib, keine bewusste oder unterbewusste Programmierung.

Erwachen aus dem Karma

Ich glaube, dass es möglich ist, dass ein Kind ohne karmische Ladung geboren werden kann. Wenn es keine karmische Ladung gibt, dann muss dieses Kind ein Produkt einer Vergangenheit sein, in welcher es verstanden hat, was mit ihm geschieht und warum, einer Vergangenheit, in der es nicht urteilte, nicht beschuldigte, sich nicht mit den Gedanken und Emotionen identifizierte. Eine Vergangenheit, in welcher es in der Lage war, keine Energie an Situationen abzugeben, die es tiefer in einen polarisierten Zustand getrieben hätten. Eine Seele, die keinen karmischen Ballast mit sich trägt, kann durchaus in eine Umgebung hineingeboren werden, die mit dem Mangel an karmischer Ladung in Resonanz steht. Wie viele von uns können diesen Zustand für sich beanspruchen? Wie viele von uns wurden nicht von anderen herausgefordert, von Emotionen, von Wünschen?

Wir können sagen, dass es einfach bedeutet, Mensch zu sein, wenn man dieses Leben durchlebt, diese Erfahrungen macht. Es ist die menschliche Erfahrung. Aber ist es das? Oder ist es ein Produkt davon, die menschliche Erfahrung zu persönlich zu nehmen? Sind wir in der Achterbahn aufgewacht, bereits auf halbem Weg durch die Fahrt und haben von diesem Ort aus beurteilt, was real ist und was nicht? Sind wir so vollständig erwacht, dass wir durch die Erfahrung hindurch sehen? Denn wenn dem so wäre, könnten wir überall, wo wir hinschauten, Perfektion sehen. Denn wenn wir so vollständig erwacht wären, wären die Schleier, durch die wir die Welt zuvor betrachtet haben, die Persona, die konditionierten Augen, die Erwartungen, alle weggefallen.

Wenn wir nicht mehr unsere vorgefassten Meinungen darüber hätten, was von dem Geschehen richtig und was falsch ist, weil wir die Welt nicht mehr aus einem polarisierten Bewusstsein heraus sehen, wie könnten wir dann noch urteilen? Wie wäre es möglich zu urteilen, zu tadeln, wen gäbe es denn noch, der Hilfe bräuchte? Wäre die Welt, die wir nach dem Aufwachen aus dem Ritt erlebt haben, so vollständig, dass selbst die Idee von Karma lächerlich wäre, die Idee von Trennung ein Witz — zu was für einer Welt wären wir erwacht? Wie können wir erwarten, dass wir unsere alten Standards, unsere alten Werte, unsere alten Wahrnehmungen, unsere Konditionierungen in diese neue Realität mitnehmen? Das können wir nicht. Denn wenn wir das könnten, würden wir einfach eine weitere Variation der Welt erleben, von der wir glaubten, sie hinter uns gelassen zu haben.

Das Argument, dass unsere aktuelle Realität einfach die einzige menschliche Erfahrung ist, begrenzt jedes Potential, das wir haben, um uns zu entwickeln. Es definiert die Erfahrung und unterstützt weiterhin eine polarisierte Perspektive. Es fährt fort, alles weiter aufzuladen, was es entweder für richtig oder für falsch hält. Wo auch immer wir uns auf der Achterbahn befinden, es definiert unsere Realität; es definiert, wer wir glauben zu sein, was wir tun müssen, ob das eine altruistische oder egozentrische Handlung ist. Es muss richtig und falsch, gut und schlecht, besser und schlechter geben, während wir jeden Teil der Achterbahn persönlich und ernst nehmen. Solange wir uns weiterhin mit der Realität, die wir wahrnehmen, identifizieren, werden wir ihr weiterhin Energie geben. Solange wir ihr weiterhin Energie geben, wird sie sich weiterhin manifestieren. Solange sie sich manifestiert, wird es Leiden geben, das aus dem Konzept von Gut und Böse entsteht, das wir für real halten. Solange es sich manifestiert, werden wir keine andere Wahl haben, als es ernst zu nehmen und zu versuchen, gemäss "unseren" Werten etwas dagegen zu "tun". Und solange wir eine solche Realität mit Energie versorgen, sind wir auch für ihre fortlaufende Manifestation verantwortlich. Also wieder die Frage: Wer versucht zu helfen? Wem versucht er/sie zu helfen und warum? Wenn "helfen" ein Teil des "Problems" ist, einem Problem, das nur entstehen kann durch die fortgesetzte Unterstützung einer Idee von Gut und Böse, richtig und falsch, dann sind wir in einem endlosen Dilemma gefangen.

Es mag viele Menschen geben, die sich für eine bessere Welt einsetzen, aber ihre Motivation zur Veränderung kann nur entstehen, wenn der aktuelle Zustand als mangelhaft angesehen wird. Wenn alles perfekt wäre, dann gäbe es nichts zu verbessern. Also wird die Situation als weniger als perfekt beurteilt. Von einem Ort des Urteils aus wird es immer jemanden, eine Gruppe, ein Land oder eine Religion geben, für die die sich manifestierende Realität unvollkommen ist. Es kann nicht anders sein: Solange Individuen an dem Glauben festhalten, dass sie im Recht sind, wird es Opposition geben. Jemand anderes, irgendwo anders, wird glauben, dass er im Recht ist. Der Konflikt ist unvermeidlich.

Unser Dilemma könnte also darin bestehen, dass wir in einer Welt leben, die wir als unvollkommen empfinden und dass wir alles tun, um diese Situation zu verbessern. Die einfache Tatsache, dass wir einen Standpunkt eingenommen haben, unsere Energie in eine Sichtweise hineingegeben haben, verewigt die Realität, für deren Veränderung wir so hart kämpfen. Das ist keine Evolution des Geistes, keine Erhebung der Menschheit über ihr Gezänk, ihren Schmerz und ihr Leiden. Das ist ein Verharren im Hamsterrad, das so schnell läuft, dass keine Zeit bleibt, über den Wahnsinn nachzudenken, den wir erschaffen. Und nachdem wir den Wahnsinn erschaffen haben, versuchen wir, einen Ausweg zu finden, indem wir unbewusst noch mehr Wahnsinn erschaffen.

Wir werden nicht in der Lage sein, alle Kinder, die Wale, die Korallenriffe, die Umwelt, was auch immer deine Priorität ist, zu retten, indem wir uns dagegen stellen, denn wenn wir uns dagegen stellen, gibt das dem Ganzen eine Art von Realität, die es sonst nicht hätte. Schwer vorstellbar. Noch schwerer ist es, nichts zu tun. Wir fürchten, wenn wir nichts tun, dass der Missbrauch weitergeht, indem wir zurückstehen und ihn zulassen. Das wäre wahr, wenn wir zurückstehen und immer noch urteilen, immer noch beschuldigen, immer noch an einer polarisierten Sichtweise festhalten würden. Denn die Welt, zumindest die "Realität", die wir gegenwärtig bewohnen, spiegelt uns zurück, wer wir sind, nicht wer wir vielleicht gerne wären oder werden würden. Wer wir sind, ist die Gesamtsumme unserer Erfahrungen, unserer Gedanken, unserer Wünsche, unserer konditionierten Existenz. Wenn irgendein Teil der Konditionierung verborgen bleibt, was Jung als unseren "Schatten" bezeichnen würde, Teile des Selbst, die tief im Unterbewusstsein verloren gegangen sind, Teile, von denen wir nicht erkannt haben, dass sie existieren, die aber immer noch eine gewisse Kontrolle über das ausüben, was wir wahrnehmen, Situationen, denen wir täglich begegnen, dann werden wir Opfer einer unterbewussten, konditionierten Vergangenheit bleiben. Unter diesem Einfluss sind uns bestimmte Situationen so vertraut geworden, dass wir ihre Gültigkeit nicht mehr in Frage stellen. Wir akzeptieren eine Wahrnehmung der Realität, die auf vergangenen, konditionierten Einschränkungen basiert.

Wir können die Menschen nicht vor sich selbst retten. Wenn Eltern ihren Kindern Hass beibringen und nichts geschieht, um diesen Kreislauf zu durchbrechen, dann werden diese ihrerseits ihre Kinder Hass lehren. Wenn ein Kind lernt, zu hassen und zu verachten, zu misstrauen, zu fürchten, dann wird das zu einer Ladung, die sich immer weiter aufbaut, bis der Druck jede Kontrolle übersteigt und in offener Gewalt explodiert. Wenn Kinder Gewalt sehen, dann werden sie ebenfalls gewalttätig. Nur gelegentlich wird sich das Kind von den konditionierten Erwartungen seiner Gesellschaft abwenden. Sich abzuwenden ist schwer, weil es von dem Kind oder dem Erwachsenen verlangt, sich von all dem zu entfernen, was er oder sie als real verstanden hat. Es ist schwer, weil die Gesellschaft, in der das Kind aufgewachsen ist, zu einer sich selbst dienenden Einheit geworden ist, die die Fähigkeit verloren hat, überhaupt zu verstehen, dass es Optionen ausserhalb ihrer aktuellen Begrenzungen gibt.

Wenn wir uns jenseits von Gewalt entwickeln wollen, jenseits aller Konflikte, dann müssen wir zuerst den Ort in uns selbst finden, der ohne Gewalt ist. Wir müssen alle Teile von uns ausfindig machen, die im Urteil bleiben, die beschuldigen, die sich mit den Erfahrungen des Körpers identifizieren. *Es ist immer einfacher, mit dem Finger auf die Schuldigen zu zeigen, als sich dem Selbst offen und ehrlich zu stellen.*

Verurteilen und Verstärken der Opposition

Es ist schwierig, sich eine Welt ohne Konflikte vorzustellen, wenn man sich in einer Realität befindet, die eine offensichtliche Manifestation von Konflikten ist. Es ist schwer zu sehen, dass wir, jeder Einzelne von uns, in irgendeiner Weise für jeden Konflikt, der entsteht, verantwortlich sind. Je mehr wir uns in unseren polarisierten Überzeugungen verlieren, desto mehr Energie geben wir dem Konflikt. Egal, ob deine politische Ansicht rechts oder links ist, je extremer deine Ansichten sind, desto mehr Verantwortung musst du tragen.

Je extremer eine Seite in einer Situation wird, desto mehr muss die Gegenseite dem entgegenwirken, indem sie ihre eigenen extremeren Überzeugungen entwickelt. Immer gilt, gleich und entgegengesetzt; wir können das eine nicht ohne das andere haben. Je extremer ein Standpunkt ist, desto

schwieriger erscheint es für die andere Seite, einfach aufzuhören, die Situation aufzuladen. Die Angst ist, wenn wir
unsere Energie zurückziehen, dass dann die "andere" Seite
"gewinnen" wird. Das ist vermutlich in der Realität, welcher
du dich derzeit angeschlossen hast, wahr und du bist nicht der
Einzige, der diesem Gedankengang folgt. Es ist eine natürliche Reaktion auf die Manifestation des irrigen Glaubens, dass
wir die Besitzer dieser Gedanken und Gefühle sind, dass sie
irgendwie real sind und um jeden Preis geschützt werden
müssen.

Wenn wir uns zwei politische Parteien vorstellen, könnten
wir annehmen, dass die eine sich wenig um die Menschen
oder die Umwelt zu kümmern scheint, während die andere
humanitärer ist und sich um die Menschen und die Umwelt
kümmert. Wenn die fürsorglichere Partei nicht zur Wahl geht,
weil sie glaubt, dass wenn man einer Situation keine Energie
gibt, die Situation wegfällt, aber die andere Partei, die Partei,
die sich überhaupt nicht für Menschen- oder Umweltrechte
interessiert und diese Stufe des Bewusstseins nicht erreicht
hat, wählt, dann ist das Ergebnis ein Erdrutschsieg für diese
Partei. Genau das, was die andere, humanitärere Partei nicht
wollte. Also werden natürlich alle um die Wahlzeit herum hek-
tisch und rühren die Werbetrommeln für ihre jeweilige Partei,
um die Zahlen zu erreichen, die sicherstellen, dass ihre Partei
gewinnt. Natürlich gewinnt niemand wirklich, denn welche
Seite auch immer als Sieger aus den Wahlen hervorgeht, hin-
terlässt eine andere Seite, die entrechtet und wütend ist. Die
Opposition zu den Siegern wächst und zwingt beiden Parteien
immer extremere Ansichten und Verhaltensweisen auf. Egal,
für welche Partei, welche «Seite» du gestimmt hast, du hast
dich in der Vorstellung verloren, dass die Realität, in der du

wählst, die einzige ist, die dir zur Verfügung steht. Also wählst du weiter und versuchst, die Vorherrschaft über die andere Partei, die andere "Seite" zu erlangen. In einer polarisierten Gesellschaft ist dies zum akzeptierten Muster geworden, zur Art und Weise, wie die Dinge erledigt werden.

Wenn du realisierst, dass, egal welche Partei die Wahl gewonnen hat, sich nichts wirklich verändert hat, ausser dem Wachstum des Extremismus, wirst du vielleicht desillusioniert von "dem System". Du könntest dann gegen das System demonstrieren, aber was auch immer du tust, du bist immer noch im System und reagierst als Ergebnis der Regeln und Werte des Systems. Während du Wut, Hass, Schuldzuweisungen und Urteile hegst, kooperierst du mit dem System, gegen das du kämpfst. Natürlich bleibt dir in dieser Realität nichts anderes übrig, als weiter für das zu kämpfen, was du für richtig hältst. Die ganze Zeit, in der du kämpfst, wirst du niemals Frieden finden. Frieden kann nicht existieren, wenn es Schuldzuweisungen oder Urteil gibt, also ist deine Suche zum Scheitern verurteilt: das war immer so und wird immer so sein.

Wir nehmen an, aufgrund unserer Konditionierung, aufgrund unserer anhaltenden Sucht nach einer bestimmten Seinsweise, aufgrund der nicht enden wollenden Propaganda, weil jeder um uns herum den gleichen Glauben zu haben scheint, dass diese Realität die einzige ist, die wir haben. Also, mach das Beste daraus, geh da rein, mach dir die Hände schmutzig und kämpfe für das, was richtig ist. Erwarte nur nicht, dass du die grosse Schlacht gewinnst.

Abhängig von unserer eigenen Geschichte, unserer eigenen Reise, werden wir Werte haben, von denen wir glauben, dass sie die richtigen sind. Natürlich wird es andere mit anderen Werten geben. Dieser ewige Konflikt macht die

Welt zu einem so interessanten und vielfältigen Ort. Zumindest macht es diese sich manifestierende Realität zu einem so interessanten Ort. Aber was macht eine Realität aus? Wie entfaltet sich eine Realität, wo hat sie begonnen, was hat sie geformt und was hält sie in der fortdauernden Manifestation? Vielleicht hilft es uns, dies aus einem anderen Blickwinkel zu verstehen, um zu sehen, dass es Optionen gibt, die wir uns bisher nicht vorstellen können, denn wenn wir sie uns vorstellen könnten, würden wir sicherlich in ihnen leben. Vielleicht leben wir bereits in einer Realität, die die Manifestation unserer Vorstellung ist. Das könnte ein beängstigender Gedanke sein! Ist das das Beste, was wir tun können? Haben wir irgendeine Kontrolle über die laufende Manifestation?

Wie kam es dazu, dass die Welt so viel Gewalt enthält? Wir sollten wissen, dass es zu gleichen Teilen auch Freude und Glück geben muss, denn alles hat sein Gegenteil. Doch wie kann es Freude und Glück geben, wenn es Schmerz und Leid gibt? Ganz einfach, weil du in diesem Moment vielleicht nicht leidest, aber jemand anderes tut es, irgendwo. Und wenn jemand leidet, dann leiden wir alle. Nicht direkt, nicht einmal bewusst, denn viele sind so mit ihrem Leben beschäftigt, dass sie keine Zeit zum Innehalten und Nachdenken haben. Sie tun das Leiden der anderen als "ihr" Problem, "ihr" Karma ab.

Die sozialen Medien haben die Menschen auf der Welt in einer Weise zusammengebracht, die es vor ein paar Jahren noch nicht gab. Jetzt sind sich die Menschen mehr denn je bewusst, was in anderen Teilen der Welt vor sich geht. Dies hat den Nebeneffekt, dass sich das Konzept des polarisierten Denkens für viele Menschen erweitert hat. Überall auf der Welt hören und erleben Menschen Ereignisse, die sie vielleicht nicht einmal für möglich gehalten hätten. Eine natürliche Reaktion darauf ist es, Partei zu ergreifen, eine Sache als richtig, die andere als falsch zu beurteilen. Es ist sehr schwer, nicht zu urteilen, wenn wir andere in Schmerz und Leid sehen.

Es kann gut sein, dass unser fortgesetztes Urteilen notwendig ist, weil wir als "Individuen" immer noch eine energetische Ladung verarbeiten. Solange irgendeine Ladung bestehen bleibt und wir uns weiterhin mit ihr identifizieren, muss diese Ladung ausgedrückt werden. Je fester wir an einem Standpunkt festhalten, egal an welchem, desto mehr Widerstand scheinen wir anzuziehen. Das veranlasst uns, noch fester an unserem Standpunkt festzuhalten und alle, die sich unserem Standpunkt widersetzen, noch heftiger anzugreifen.

Standpunkte sind in Ordnung, bis wir anfangen, sie ernst zu nehmen. Ich stelle mir unsere Welt vor, wie sie sich durch Zeit und Raum (?) in einem sich ständig ausdehnenden Universum dreht und uns mit unglaublicher Geschwindigkeit durch alle möglichen Abenteuer führt. Inmitten dieser grossen Ausdehnung des Bewusstseins gibt es eine Person, die an einer Sichtweise festhält und sagt: "Nein, so ist es, so sollte es sein, so muss es sein." Das Festhalten an einer Sichtweise, egal welcher Sichtweise, verankert uns in der Vergangenheit. Während um uns herum Wachstum und Veränderung stattfindet, verleugnet derjenige, der an einer Sichtweise festhält, das, was wirklich passiert, völlig.

Ein weiterer Nebeneffekt des Festhaltens an einer Sichtweise ist, dass jemand, irgendwo eine Sichtweise haben wird, die entweder von deiner Sichtweise herausgefordert wird oder deine Sichtweise herausfordert. Diese einfache Idee könnte nahe an der grundlegenden Ursache für die Manifestation der Realität sein, in der du dich befindest. Ich sage: "So sind die Dinge, ich habe Recht" und eine andere

Person sagt ebenfalls: "So sind die Dinge, ich habe Recht", aber ihr Standpunkt, ihre Meinung, ist das genaue Gegenteil von meiner. Jetzt besteht das Potential für einen Konflikt. Es hängt davon ab, wie nah diese beiden gegensätzlichen Meinungen aneinander geraten; die Intensität ihres Glaubens an ihre Meinung bestimmt das Ausmass des Konflikts.

Du magst sagen, dass diese Aussage eine andere Sichtweise ist. Natürlich ist sie das, dies ist ein Buch, Bücher benutzen Worte, um Ideen und Konzepte zu vermitteln. Nimm diesen Standpunkt nur nicht zu ernst, sonst wird dein Standpunkt über meinen Standpunkt zu einem Thema und genau das wollen wir vermeiden.

Die Leute machen das die ganze Zeit, oft ohne sich bewusst zu sein, woher ihre Meinung kommt oder welchen Effekt sie auf die Welt um sie herum hat. Das geht gut, bis eine Meinung auf eine andere Meinung stösst, in einer Beziehung zum Beispiel. In einer Beziehung ist es möglich, dass, wenn eine Meinung offensichtlich wird, beide Parteien an einem Kompromiss arbeiten können. (Wenn hingegen die Meinung nicht offensichtlich wird, sondern im Unterbewusstsein verbleibt, beeinflusst sie weiterhin die Welt und die Menschen um sie herum, ohne dass eine der beiden Parteien bewusst daran teilnimmt.) Es müsste ein gewisses Mass an Engagement und Bewusstsein vorhanden sein, bevor ein Kompromiss überhaupt möglich ist.

Viele "Meinungen" werden jedoch nicht bewusst gemacht. Sie sind ein tiefer Teil des konditionierten Selbst, Aspekte des Selbst, derer sich das bewusste Selbst noch nicht bewusst ist. Bis wir diese verborgenen Aspekte ins Bewusstsein bringen, werden sie weiterhin unser Leben beeinflussen und wir werden weiterhin Opfer von ihnen bleiben, getrieben von Wünschen, von Ladungen, über die wir keine Kontrolle haben. Es ist also wichtig, dass wir die Vergangenheit hinter uns lassen, wenn wir auch nur beginnen wollen, eine andere Realität zu erschaffen, denn die Vergangenheit ist durch Konditionierung daran gebunden, mehr vom Gleichen zu erschaffen.

6

Erleuchtung

Man wird nicht erleuchtet, indem man sich
Lichtgestalten vorstellt, sondern indem man
sich die Dunkelheit bewusst macht. Die letztere
Vorgehensweise ist jedoch unangenehm und daher
nicht populär.

CARL JUNG

Ich denke nicht, dass wir unbedingt Erleuchtung anstreben sollten. In gewisser Weise glaube ich nicht, dass wir auf irgendetwas abzielen sollten, denn ein Ziel zu haben, impliziert, dass sich jemand auf einer Reise befindet und dass jemand durch Zeit und Raum gehen muss, um sein Ziel zu erreichen. In einer physischen Welt, wo es ein bestimmtes Ziel gibt (Soll es mehr von diesem, weniger von jenem geben?), dann, ja, gibt es die Notwendigkeit, auf dieses Ziel hinzuarbeiten. Aber Erleuchtung? Als ein Ziel? Erleuchtung bleibt ein Paradoxon, etwas, das es zu erreichen gilt, aber es gibt nichts zu tun und nirgendwo hinzugehen, um es zu erreichen.

Die Erkenntnis, dass es nichts zu tun und nirgendwo hinzugehen gibt, ersetzt die Idee, dass wir uns auf einer Reise befinden. Ich denke, zum jetzigen Zeitpunkt und solange wir noch süchtig nach der Achterbahnfahrt sind, ist das Konzept des Tuns etwas, das wir im Auge behalten müssen. Aber hänge dich nicht zu sehr an diese Sichtweise dran!

Jung erwähnte, dass der Prozess der Erleuchtung unangenehm und daher nicht sehr populär sei. Damit etwas, irgendetwas, unangenehm sein kann, muss es einen Standpunkt geben, der in Frage gestellt wird. Es ist der Widerstand, den wir gegenüber wahrer Veränderung haben, der hier das eigentliche Thema ist. Wir können nur aus der bestehenden Realität heraus von Veränderung sprechen und das begrenzt unsere Vision, unsere Fähigkeiten, unsere Vorstellungskraft. Wenn ganze Nationen darauf konditioniert sind, zu glauben, dass sie besser sind als alle anderen, wenn ganze Nationen innerhalb der Grenzen ihres eigenen Landes bleiben und andere kritisieren und verurteilen, die ebenfalls sicher innerhalb der Grenzen ihrer eigenen Kultur bleiben, dann ist der Konflikt unvermeidlich.

In Anbetracht der Menge an Energie, die in die Erschaffung einer bestimmten Realität geflossen ist, in Anbetracht der Zeit, in welcher dieser Realität erlaubt wurde, zu wachsen und sich auszudehnen, scheinen Antworten oder Lösungen nur durch Intervention in den Bereich der Möglichkeit zu rücken. Indem jemand etwas tut, werden andere involviert und so wird der Konflikt ausgeweitet. Mehr Menschen giessen mehr Öl in die Flammen des Konflikts, während sie gleichzeitig vorgeben, das Problem lösen zu wollen. Das ist der altehrwürdige Ansatz zur Konfliktlösung. Wenn es nicht so destruktiv wäre, wäre es lächerlich. Sicherlich, wenn die Intervention tatsächlich funk-

tionieren würde, gäbe es keinen Konflikt. Aber weil die grundlegenden Probleme nicht angegangen wurden, ändert sich
nichts.

Karmische Ladung muss losgelassen werden, bis sie
erschöpft ist. Ein Individuum muss entweder die Ladung
loslassen, indem es sie durchlebt oder in der Realität aufwachen, dass diese "Ladung" nicht zu ihm gehört, es ist einfach nur Ladung. Unser konditionierter Verstand würde uns
glauben lassen, dass die Ladung uns gehört und wir deshalb
etwas dagegen tun müssen. Doch wenn wir das Urteilen und
die Schuld loslassen, wird es immer offensichtlicher, dass die
Ladung nicht uns gehört — und auch nie gehört hat. Wenn
Individuen weiterhin die Ladung verstärken, dann wird es
immer Ladung geben, die aufgelöst werden muss. Und das
bringt uns zurück zu dem, was ein unüberwindbares Problem
zu sein scheint: Wie können wir die Ladung loslassen, während
wir noch in den laufenden Konflikt verwickelt sind? Selbst für
diejenigen, die sich nicht in einem offenen Konflikt befinden,
ist es schwer, Ladung loszulassen, denn solange Menschen an
einer egozentrischen Sichtweise festhalten, ist diese Sichtweise
sowohl das Problem als auch die Lösung. Das Loslassen der
Sichtweise bietet eine Lösung, aber die Sichtweise an sich ver-
hindert, dass man sich der Rolle bewusst wird, die sie bei der
Entstehung des Konflikts spielt. Wir können nicht sehen, dass
der Standpunkt das Problem ist, weil der Standpunkt ein Teil
dessen zu sein scheint, was wir sind und wir selten objektiv
sehen können, wer wir sind. Aufgrund der Anhaftung an die
Art und Weise, die Welt zu betrachten, werden wir durch den
egozentrischen Standpunkt teilweise dazu gezwungen, uns
zu verteidigen, oft ohne unsere bewusste Beteiligung. Welche
Optionen stehen bei einer solchen Sichtweise offen? Sie drückt

ihre konditionierte Existenz aus und beschuldigt, sie zeigt mit dem Finger, sie verlagert die Ursache des Problems ins Aussen.

Es ist nicht so schwer für zwei engagierte Menschen in einer Beziehung, ihre Differenzen auszuarbeiten. Wenn diese zwei Menschen aus sehr unterschiedlichen Hintergründen kommen, dann können kulturelle Fragen ein Teil des Problems sein. Wenn eine potentielle Konfliktquelle in einer Beziehung die Menschen zurück zu ihren jeweiligen Kulturen treibt und diese Kulturen ihre eigenen Perspektiven, ihre Unterschiede, verstärken, dann wird dies die beiden Menschen weiter auseinander treiben. Wenn sich eine der beiden Parteien von der anderen bedroht fühlt, wird mehr Energie für das Thema verwendet. Je mehr sich eine Partei bedroht fühlt, desto mehr wird die andere reagieren. Betrachten wir anstelle von zwei Individuen nun zwei Familien, die in eine Konfliktsituation verwickelt sind. Setze dies fort, in einen wachsenden Kreis der Unzufriedenheit und bald hast du zwei beteiligte Gemeinschaften. Es braucht nur ein einziges radikales Mitglied in einer dieser beiden Gemeinschaften, um Gewalt in die Situation hineinzubringen, dann werden andere zur Verteidigung und zum Angriff herangezogen.

So kann eine Person, die stark an ihren Standpunkt glaubt, die sich in ihrer Ehre angegriffen oder in ihrem Ego bedroht fühlt, schnell eine Fehde zwischen zwei Familien, sozialen Gruppen, Religionen, was auch immer, bewirken. Wenn diese Situation durch Gewalt angeheizt wird, dann kann sie sich über die Grenzen des ursprünglichen Konflikts hinaus ausbreiten und Nachbarn und Nachbarländer einbeziehen. Und dann droht ein Krieg, der von den radikaleren Mitgliedern der einen oder anderen Seite angefacht wird und von denen, die aus dem Konflikt Geld machen wollen.

Sobald der Konflikt manifest wird, ist es schwieriger, eine friedliche Lösung zu finden. Je länger der Konflikt andauert, desto schwieriger wird es, ihn zu lösen. Sobald ein offener Konflikt manifest ist, haben wir nicht nur die ursprünglichen unterschiedlichen Standpunkte zu berücksichtigen, denn auch die Unterstützung oder Energie, die diese beiden Standpunkte auseinander treibt, ist durch die Beteiligung anderer Menschen gewachsen. Zusätzlich fügen der Tod und das Leid, das jede "Seite" erfahren hat, dem Konflikt eine grosse Menge an emotionaler Ladung hinzu.

Die Idee von "Auge um Auge, Zahn um Zahn" ist einfach eine religiöse Erlaubnis, noch mehr Gewalt auszuüben. Wer hat das Zeug geschrieben? Oder ist die Interpretation das Problem? Könnte es bedeuten, dass "Auge um Auge" eine karmische Vergeltung ist, aber die Menschheit hat es so verstanden, dass es an jeder Person liegt, Vergeltung auszuüben, was nur noch mehr Karma erzeugen kann?

Wenn diejenigen, die direkt in einen Konflikt verwickelt sind, sich nicht selbst aus dem sich manifestierenden Konflikt befreien können, weil das Leid so tief ist, die jahrelange Ungerechtigkeit, der Treibstoff, der dem Konflikt von anderen hinzugefügt wird, die nicht direkt involviert sind, aber von dem Konflikt profitieren, dann ist es an denjenigen, die nicht direkt involviert sind, einzugreifen. Aber nicht um zu helfen — der Himmel bewahre uns davor, dass wir Partei ergreifen und dem Konflikt unsere eigenen Energien hinzufügen! Es ist besser, wenn wir in uns selbst hineinschauen und sehen, ob wir irgendeinen Teil unseres Wesens finden können, der das Feuer anheizt (natürlich ohne dass wir uns dessen bewusst sind). Wir können nicht auf globaler Ebene arbeiten, wenn wir nicht auf einer persönlichen Ebene gearbeitet haben. Wir müssen uns mit unseren eigenen Dämonen konfrontieren, bevor wir anderen sagen können, was sie mit ihren Dämonen tun sollen.

Das Paradoxe daran ist, dass wir, solange die verborgenen Aspekte unseres Selbst bestehen bleiben, Aspekte, die wir ins Licht des Bewusstseins bringen müssen, immer noch der Gnade dieser Schattenbewohner ausgeliefert sind und ohne volle Kontrolle über unsere Gedanken und Handlungen agieren. Wir bleiben Automaten, die einfach den Anweisungen folgen. Wir haben nur sehr wenige Möglichkeiten, unsere eigenen Dämonen zu erkennen, so verloren sind wir in diesem Drama. Und es ist sogar noch schwieriger zu erkennen, wohin wir gehen oder warum, wenn der Druck der Ladung sich immer weiter aufbaut und nie nachlässt.

Stress und emotionale Ladung

Die meisten Menschen verbringen ihr Leben damit, mit den Ergebnissen des ständigen Aufbaus von Ladung umzugehen. Man muss sich nicht in einem offenen Konflikt befinden, um die Ergebnisse dieser Anhäufung täglich zu erleben. Je länger sich die Ladung aufbaut, desto mehr Druck übt sie auf das System aus. Es ist meine Erfahrung, dass es nur sehr wenige Menschen gibt, die nicht jeden Tag Ladung ansammeln. Die meisten von uns haben Wege entwickelt, mit jeglichem Stress, dessen wir uns bewusst werden, umzugehen. Unglücklicherweise beinhalten viele dieser Methoden das Weglaufen vor dem Problem, obwohl die Person es vielleicht nicht als solches wahrnimmt.

Die meisten Menschen sind sich dieser Anhäufung jedoch einfach nicht bewusst. Zumindest wird es nicht als etwas vom Selbst Getrenntes gesehen. Diese Anhäufung ist oft ein allmählicher Prozess und es gibt keinen Punkt, an dem man sagen könnte: "Das ist ein Ergebnis von Stress, der sich in meinem System aufbaut." Stress ist "einfach da". Meiner Erfahrung nach können Menschen, die sich der Situationen, die Stress erzeugen, bewusst werden und verschiedene Techniken erlernen, um den Druck zu reduzieren, sich selbst helfen, relativ stressfrei zu bleiben. Das funktioniert nur bis zu einem gewissen Punkt, in Bereichen, die uns bewusst sind. Wenn es irgendwelche Schattenaspekte des Selbst gibt, die immer noch aus dem Unterbewusstsein heraus agieren, dann kann es kein Bewusstsein geben und es kann wenig, wenn überhaupt, getan werden, um den Körper von diesen Auswirkungen des Stresses frei zu halten. Stress baut sich im Körper als Ladung auf viele Arten auf.

Eine Art und Weise, wie sich Stress manifestieren kann, ist in körperlicher Krankheit oder Unwohlsein. Erinnere dich, wenn wir einer bestimmten Emotion mehr Energie geben, gibt es zwei Hauptauswirkungen. Erstens wird das gesunde Gleichgewicht des Körpers beeinträchtigt, da der Körper mehr von der Chemikalie aufnimmt, die ein bestimmtes Gefühl erzeugt, was oft zu einer verminderten Fähigkeit der Zelle führt, sich auf gesunde Weise zu reproduzieren. Mit der Zeit führt dies zu einem Zusammenbruch der Gesundheit des Körpers, was natürlich zu Krankheit führt, was wiederum dazu führt, dass man das Problem beheben muss. Das Problem ist zuvor jedoch lange Zeit unbemerkt geblieben; alles, was wir sehen, ist das Produkt des Problems, das sich als Krankheit manifestiert.

Der zweite Haupteffekt ist die allmähliche Akzeptanz dieses bestimmten Gefühls oder dieser Chemikalie in unserem

Leben. Wenn sich der Körper an bestimmte Gefühle gewöhnt, scheint er mehr zu verlangen, um diese wachsende, unterbewusste Sucht zu nähren. Vor dieser Sucht mögen bestimmte Situationen als zufällige Ereignisse in unserem Leben aufgetaucht sein, aber wenn der Körper anfängt, sich an dieses neue Gefühl und die damit verbundenen Chemikalien zu gewöhnen, beginnen diese Situationen, die die Produktion der Chemikalien anregen, häufiger aufzutauchen oder zumindest scheint es so. Dies führt dazu, dass wir bestimmte Situationen oder Ereignisse in unserem Leben erwarten, fast so, als würden wir diese Erfahrungen unbewusst anziehen. Ich glaube, dass wir diese Situationen tatsächlich anziehen; ich glaube, dass wir auf diese Weise die Welt erschaffen, in der wir leben. Indem wir unsere Konditionierung zur Gewohnheit werden lassen, erwarten wir, dass die Welt auf eine bestimmte Weise stattfindet und unsere Erwartungen erschaffen diese Realität. Je mehr Menschen eine bestimmte Realität bestärken, desto wahrscheinlicher ist es, dass sie sich manifestiert.

Jeder Stress, der sich im Körper zeigt, ist ein Ergebnis der Unfähigkeit des Körpers, Informationen auf gesunde Weise zu verarbeiten. Diese Unfähigkeit ist im Unterbewusstsein verankert und ist das Produkt frühkindlicher Konditionierung, die über Jahre, in denen wir dem Diktat dieser Konditionierung gefolgt sind, immer offensichtlicher und intensiver geworden ist. Diese Konditionierung, die uns in erster Linie lehrt, dass die Gefühle, Emotionen und Gedanken, die wir erleben, unsere sind, dass sie zu uns gehören, schafft eine einseitige Sicht auf die Realität, die egozentrische Sichtweise. Dieser polarisierte Zustand wiederum beeinflusst den Körper auf zellulärer Ebene, was zu Ungleichgewicht und schliesslich zu einem Zusammenbruch der Gesundheit des Körpers führt.

Wir erleben die Ergebnisse dieser Konditionierung, können aber die wahre Quelle jedes Ungleichgewichts nicht erkennen oder in Frage stellen, weil die Quelle ein Teil des konditionierten egozentrischen Selbst ist. Daher geben wir anderen oder Situationen die Schuld für unsere Probleme. So wird das Problem auf einer ursächlichen Ebene nie angegangen. Das ist genau das, was in Situationen passiert, in denen bedeutende Konflikte auftreten. Die wahren Ursachen des Konflikts werden nie angesprochen: Immer rechtfertigt eine Seite ihre Handlungen, indem sie der anderen Seite die Schuld gibt. Die andere Seite tut natürlich das Gleiche. Jeder ist zu sehr in der damit verbundenen Geschichte und den nachfolgenden Ereignissen verloren, um die wahre Ursache betrachten zu können.

Manifeste Konflikte entstehen aus der gleichen Konditionierung, welche die Krankheit im Geist oder im Körper verursacht. Der Unterschied ist, dass die Krankheit im Körper verinnerlicht ist, während der Konflikt zwischen zwei oder mehreren Menschen externalisiert ist. Der Zustand ist derselbe. Dieser Zustand ist ganz einfach zu erkennen für diejenigen, die die Augen haben, ihn zu sehen, aber so schwer zu erkennen für diejenigen, die in ihrer Identifikation mit Gedanken und Emotionen verloren sind.

Wenn eine Person Informationen vorverurteilt und Muster etabliert hat, wie sie mit diesen Informationen umgeht, anstatt die Informationen in einem bewussten Akt zu beurteilen, dann sortiert der Körper ständig Informationen in zwei grundlegende Haufen, akzeptieren oder ablehnen, ohne sich bewusst zu sein, dass er dies tut.

Wir konditionieren uns oft darauf, nicht zu bemerken, was im Körper passiert. Das kann entstehen, weil wir entweder so sehr mit anderen Dingen beschäftigt sind, dass wir es nicht bemerken oder weil wir als Kind ein Trauma erlebt haben und bestimmte Erinnerungen, Gedanken oder Emotionen blockieren oder wir sind so sehr damit beschäftigt, uns auf ein bestimmtes Gefühl oder eine Emotion zu konzentrieren, dass wir nicht in der Lage sind, irgendetwas ausserhalb dieser Realität zu sehen. Was auch immer der Grund ist, wenn wir nicht bemerken, was im Körper passiert, sind wir nicht in der Lage, effektiv mit der Situation umzugehen. Die Ladung baut sich auf, ohne dass wir sie wahrnehmen.

Offensichtlich gibt es vieles, was im Körper vor sich geht, dessen wir uns nicht bewusst sein müssen, wie z.B. das Funktionieren des Körpers in jedem Moment. Viele der sehr frühen Anzeichen von Ungleichgewicht sind so subtil, dass sie nicht wahrgenommen werden. Erst durch unsere Interaktionen mit anderen und der Umwelt können wir überhaupt bemerken, was im Körper passiert. Das Problem ist wiederum, dass wir die Gefühle und Emotionen personalisieren, wir glauben, dass sie unsere sind und als solche verstärken wir sie noch mehr. Wir setzen diesen Prozess fort, bis das Ungleichgewicht, das dadurch entstanden ist, auf der körperlichen Ebene offensichtlich wird. Je früher wir diese Anhäufung von Ladung, die das Potential hat, problematisch zu werden, bemerken, desto weniger wahrscheinlich ist es, dass wir die Manifestation des Ungleichgewichts erleben.

Die meisten Menschen bemerken diese Anhäufung nicht, bis es zu spät ist, weil sie nicht gelehrt wurden, sie zu schon vorher zu bemerken. Bemerken ist nur der Anfang der Lösung; den wirklichen Unterschied macht aus, was wir mit dem tun, was wir bemerkt hatten. Zumindest schafft das Bemerken die Möglichkeit der Wahl. Wenn wir es nicht bemerken, bleiben wir Opfer dieser vergangenen Konditionierung und so wird der morgige Tag mehr vom Gleichen bringen. Der Beginn des Bemerkens kann unangenehm sein, weil wir anfangen zu erfahren, was passiert, wenn wir unsere Energie bewusst auf einen bestimmten Gedanken, ein Gefühl oder eine Emotion fokussieren.

Ladung auflösen

Bevor wir überhaupt in der Lage waren, Gedanken, Gefühle und Emotionen objektiv und bewusst wahrzunehmen, haben wir sie einfach nur gefühlt, uns mit ihnen identifiziert und das getan, was wir dachten, tun zu müssen, um das Unbehagen zu überwinden. Mit zunehmender Bewusstheit scheint es, als ob das, was wir fühlen, anwächst und noch intensiver wird. Wir müssen uns nicht nur mit alten Themen auseinandersetzen, die uns auf irgendeiner Ebene vertraut sind, sondern wir legen auch tiefere Schichten von "Zeug" frei, die wir zuvor verleugnet hatten. Die alten Schmerzen, Verletzungen, Ängste und Frustrationen, die tief im Unterbewusstsein vergraben waren, kommen nun zum Vorschein. Weil wir diese Themen verleugnet haben, sie begraben hielten und unser Bestes taten, um sie zu ignorieren, entsteht der Eindruck, dass es sich um neue, ungewohnte Informationen handelt, wenn sie sich zu zeigen beginnen. Und wenn wir diesen Gedanken, Gefühlen und Emotionen Energie geben, in dem Sinne, dass wir uns ihrer bewusst werden und sie persönlich nehmen, weil wir in unserem konditionierten Antwort-/Reaktionsmodus feststecken, werden sie noch problematischer.

Das ist ein Grund, warum wir unser Bestes getan haben, diese Gedanken, Gefühle und Emotionen aus der

Vergangenheit zu ignorieren: das extreme Mass an Unbehagen, das sie mit sich bringen. Es scheint, als ob der Körper verschiedene Verteidigungsmechanismen hat, die er einsetzen kann, wenn wir mit Informationen umgehen, die uns unangenehm sind. Verdrängung ist ein Begriff, der oft verwendet wird, aber warum sollten wir oder unser Körper Informationen verdrängen, wenn nicht, um uns vor einem echten oder wahrgenommenen Schmerz aus der Vergangenheit zu schützen? Das Verdrängen von Verletzungen oder Schmerzen aus der Vergangenheit lässt diese leider nicht verschwinden.

Sie werden nicht nur nicht verschwinden, sie werden sich auch weiterhin in unserem Leben zeigen. Die sich manifestierende Realität, in der wir leben, ist ein Produkt des Gesamtpakets dessen, was wir sind. Die gleiche Realität mag scheinbar für andere ebenfalls erscheinen. Das liegt daran, dass diese "anderen" das gleiche Paket haben, an die gleichen Werte glauben und eine ähnliche Geschichte haben wie wir. Sie lösen eine ähnliche Ladung auf.

Ich habe Menschen sagen hören, die sich auf die Notlage anderer beziehen: "Oh, das ist ihr Karma, lass sie es aufarbeiten." Das kann nur aus einer egozentrischen Sichtweise heraus wahr sein. Wie bereits erwähnt, gibt es ein paar Wege, wie diese karmische Ladung, mit der die meisten von uns verbunden sind, aufgelöst werden kann. Einer — der langsame, schmerzhafte Weg — besteht darin, die Ladung tatsächlich so lange auszudrücken/auszuleben, bis sie erschöpft ist. Die Gefahr dabei ist, dass wir die Ladung weiter aufladen, weil wir uns identifizieren mit den Gedanken und Emotionen, die mit der Ladung verbunden sind. Das zeigt nur auf, dass wir einen Sinn für diese Realität behalten, der wiederum garantiert, dass wir uns weiterhin damit identifizieren. Und so geht es weiter, wir sitzen im Karussell des Lebens fest. Ständig fügen wir Ladung hinzu, die diese Realität weiterlaufen lässt. Dies führt zu einer Rechtfertigung der Werte, diese Realität geschaffen haben.

Ein anderer Weg, mit dieser Ladung zu arbeiten, ist zu erkennen, dass sie karmisch ist und dass sie sich weiterhin in unserem Leben manifestieren wird, wenn wir ihr weiterhin Energie geben, indem wir uns mit ihr persönlich identifizieren, urteilen oder andere Spieler in unserem Drama beschuldigen. Wenn wir das erkennen, versuchen wir, nicht zu urteilen, nicht zu beschuldigen, sondern uns daran zu erinnern, dass es einen anderen Weg gibt, mit diesem Phänomen umzugehen.

Das ist ein langsamer, aber sicherer Weg, die Ladung aufzulösen und aus der Konditionierung zu "entkommen". Diesem besonderen Weg zu folgen, erfordert Bewusstsein und Engagement. Es wird einfacher, je weiter du den Weg gehst, denn jedes Mal, wenn du dich nicht identifizierst, urteilst oder beschuldigst, verringert sich die Ladung — langsam, aber sicher. In dem Masse, wie die Ladung abnimmt, wird es einfacher, schneller zu bemerken, wenn die Ladung beginnt, sich wieder aufzubauen. Je früher du sie bemerkst, desto einfacher ist es, sie anzuerkennen und loszulassen und ihr keine weitere Energie mehr zu geben. Erinnere dich daran, dass Identifikation mit Phänomenen, Urteil und Schuldzuweisung allesamt Ladung hinzufügen.

Vielleicht ist der mächtigste Weg, Ladung aufzulösen, sie als das zu sehen, was sie ist: Eine Anhäufung von Energie, die aufgelöst werden muss oder zu müssen scheint. Diese "Energie" gehört eigentlich zu niemandem — sie ist einfach da. Durch die Übungen in der Schattenarbeit haben wir herausgefunden, dass jeder die gleichen Themen hat, vielleicht in einer etwas anderen Szene dargestellt, aber immer die gleichen Themen. Auf den ersten Blick scheint der Schatten für jede Person einzigartig zu sein, aber das ist ein Produkt der verdrängten Informationen, die im Unterbewusstsein versteckt sind, das einen Grossteil unseres Lebens kontrolliert, ohne dass wir uns dessen bewusst sind. Dies erzeugt oder verstärkt ein Gefühl der Trennung im Selbst, der akzeptierten und der verdrängten Teile. Während wir uns weiterhin mit Informationen, Gedanken, Emotionen und Gefühlen identifizieren, die in unserem Leben auftauchen, halten wir dieses Gefühl der Trennung aufrecht. Solange dieses Gefühl der Trennung anhält, halten wir an dem Glauben fest, dass alles, was auftaucht, "unseres" ist: das schliesst die Schattenanteile des Selbst ein, die noch nicht integrierten Teile des Selbst.

Von diesem Standpunkt aus ist es leicht, anzunehmen, dass die Schattenaspekte eines anderen, das Karma eines anderen, wirklich zu ihm gehören. Schliesslich habe ich meins, sie müssen ihres haben. Dies ist ein grundlegender Denkfehler, der nur durch die fortgesetzte Identifikation mit Gedanken, Emotionen und Gefühlen entstehen kann.

Nur weil es scheint, dass sich die meisten Menschen auf dem Planeten mit "ihren" Gedanken, Gefühlen und Emotionen identifizieren, macht es das nicht richtig. Es ist bloss eine Illusion, die gemeinsam aufrechterhalten wird. Eine Massenillusion, die dazu dient, die Illusion aufrecht zu erhalten, indem sie die ganze Zeit das Konzept unterstützt, dass bestimmte Gedanken, Gefühle und Emotionen tatsächlich "deine" sind. Je mehr Klebstoff die Illusion zusammenhält, desto schwieriger ist es, über die Illusion hinaus blicken zu können.

Wenn wir den Prozess beginnen, unseren Gedanken,

Gefühlen und Emotionen keine Energie zu geben, dann verliert der Klebstoff langsam an Kraft. Wir müssen kein bestimmtes Ziel vor Augen haben. In der Tat ist es am besten, wenn auch schwierig, Ziele zu vermeiden. Ein Ziel ist schliesslich nur ein Wunsch in einer anderen Form. Es ist besser, zu warten und zu sehen, wo du am Ende landest, als zu versuchen, es herauszufinden, bevor du diese Reise überhaupt angetreten hast. Ein Ziel zu haben, einen Traum, wird dich daran hindern zu erkennen, dass jedes Endergebnis immer noch eine Reise erfordert — was bedeutet, dass es jemanden geben muss, der die Reise antritt. Dieser Jemand bin ich/bist du, eine egozentrische Perspektive, die versucht — was zu finden? Glücklichsein?

Wenn der Klebstoff schwächer wird, werden mehr Dinge offensichtlich, obwohl sie immer noch ein Teil der Gesamtillusion sind, die vom Kollektiv gehalten wird. Die offensichtliche Gefahr hier ist, dass andere, die fest in der Illusion gehalten werden, denken, dass du deinen Verstand verlierst. In Wirklichkeit bist du aber näher dran, ihn zu finden. Dies ist ein weiterer Trick der Illusion, damit du dich entfremdet fühlst, wenn du von den kollektiven Wahrnehmungen abweichst.

Wenn der Klebstoff schwächer wird, passieren mehrere Dinge. Du siehst dich vielleicht nach einer anderen Illusion um, einem Rettungsboot, an das du dich klammern kannst, während deine Welt auseinander zu fallen scheint. Ich würde es dir nicht verübeln, wenn du das tust — halte an dem fest, von dem du glaubst, dass es dir hilft, bis du es nicht mehr brauchst. Wenn der Klebstoff schwächer wird, gibt es weniger, woran du dich festhalten kannst und gleichzeitig gibt es weniger Bedarf, sich an irgendetwas festzuhalten, weil du dich in dem veränderten Zustand wohler fühlst. Der veränderte Zustand wird zur Gewohnheit. Es kann sein, dass es notwendig ist, eine Weile zu rasten, als ob du einen sehr hohen Berg besteigen würdest und dich ausruhen musst, um dich an die neue Umgebung zu akklimatisieren, bevor du weitergehst. Dieser veränderte Zustand wird zur neuen Norm. Wenn du Glück hast, entfaltet sich dieser Prozess über etwas Zeit hinweg, nicht zu schnell und du hast dich bei jedem Schritt wohl gefühlt. Wenn du versuchst, diesen Prozess zu überstürzen, dann wirst du dich auf sehr wackeligem Boden wiederfinden, während dein Geist versucht, diese neue Realität zu verstehen.

Stell dir vor, dass du eine Sammlung von verschiedenen Standpunkten bist. Basierend auf diesen Standpunkten siehst du das Leben auf eine bestimmte Art und Weise — und erwartest es auch entsprechend. Wenn wir diese Sichtweisen zusammenfassen, können wir sie als deine Persönlichkeit bezeichnen, deine Persona. Das ist derjenige, der du glaubst zu sein und der du aufgrund deines Glaubens geworden bist. Eine Sichtweise ist nichts anderes als eine konditionierte Art, das Leben zu sehen. Wir wachsen in einer Umgebung auf, die diese Sichtweisen unterstützt, sie täglich bestätigt. Wenn diese Sichtweisen in Frage gestellt werden, wehren wir uns und verteidigen sie. Dies geschieht auf vielen Ebenen unseres Lebens, auf vielen Ebenen des Bewusstseins.

Der Klebstoff, der die Illusion zusammenhält, ist nichts anderes als unser Festhalten an den Dingen, wie wir sie glauben oder uns erhoffen, dass sie sind. Dieser Griff, diese Identifikation mit Phänomenen, wird von der Welt, in der wir leben, unterstützt.

7

Das konditionierte
Selbst verändern

Wenn wir anfangen zu verstehen, dass der Körper nur ein komplexes biologisches System ist, das von der Seele benötigt wird, um das Leben auf dem Planeten Erde zu erfahren, können wir uns den Körper wie einen Raumanzug vorstellen, der entworfen wurde, um uns das Leben in einer feindlichen Umgebung zu ermöglichen. Dieser spezielle Raumanzug ist so konzipiert, dass er Informationen aus seiner Umgebung empfängt, ähnlich wie ein Radio Radiowellen empfängt. Der Körper interpretiert die Informationen über sein Nervensystem. Wir sehen, hören, riechen, schmecken, tasten, fühlen diese Informationen als chemische Verschiebung im Körper. Wir interpretieren die chemische Verschiebung als einen Gedanken, ein Gefühl oder eine Emotion. Wenn wir anfangen damit, die Information persönlich zu nehmen, uns mit ihr zu identifizieren, beginnt der "Spass".

Wenn wir denken, dass wir wütend sind, egal ob dies ein bewusster Gedanke ist oder nicht, erzeugen wir mehr von den Chemikalien, die mit Wut verbunden sind, was dann ein intensiveres Gefühl erzeugt. Noch mehr Wut entsteht und bestätigt unseren Glauben, dass wir wütend sind. Jetzt sind wir so richtig wütend!

Wenn wir uns darin üben, den Ärger wahrzunehmen, vorzugsweise bevor er sich zu stark manifestiert und wir aufhören, dem Ärger Energie zu geben, verpufft er. Wenn wir die Praxis fortsetzen, wird der Ärger mit der Zeit nicht mehr auftauchen oder, wenn er doch auftauchen sollte, wird er so klein sein, dass er unbedeutend ist. Eines Tages wachen wir am Morgen auf und fühlen uns nicht mehr wütend. Wut oder das Potential für Wut, ist nicht länger ein Teil von dem, was wir glauben zu sein. Wir sind also nicht wirklich wütend. Wir haben uns einfach mit Wut identifiziert, es war die Identifikation mit Wut, die uns glauben machte, dass wir eine wütende Person seien.

Das funktioniert bei allen Aspekten, allen Emotionen. Was auch immer du dachtest, dass du es bist, wird verpuffen, wenn du aufhörst, ihm Energie zu geben. Daraus ergibt sich die nächste grosse Frage: Wenn ich nicht mein Ärger, meine Angst, meine Unruhe bin, wer oder was bin ich dann?

Diese Frage ist nicht leicht zu beantworten. Selbst wenn es eine einfache Frage wäre, wäre die Antwort unverständlich, denn die Informationen würden immer noch durch das Filtersystem der Persönlichkeit interpretiert werden, das, wie wir wissen, aus konditionierten Sichtweisen besteht. Wenn der konditionierte Zustand eine bestimmte Information nicht verstehen kann, stehen ihm mehrere Möglichkeiten zur Verfügung. Eine ist, sie einfach nicht zu hören, die zweite ist, sie abzulehnen und die dritte ist, sie so zu manipulieren, dass sie akzeptabel wird. Die Chance, dass jemand Informationen hört, die weit ausserhalb seiner Komfortzone liegen, ist sehr gering, weil diese Informationen nicht Teil der Realität sind, in der dieser Jemand existiert. Diese Person würde Konzepte, die weit entfernt von ihrer alltäglichen Existenz sind, weder anziehen noch verstehen. Die Konditionierung aus ihrer Vergangenheit würde sie daran hindern.

Nur durch direkte Erfahrung, durch "für sich selber wissen", kann diese Frage beantwortet werden. Die Bequemlichkeit des Bekannten, des Akzeptierten, des Vertrauten zu verlassen, ist nicht jedermanns Sache. Wie Jung sagte, "ist dieser Prozess jedoch unangenehm und daher nicht sehr beliebt."

Erst wenn alle Wege ausgeschöpft, alle Methoden ausprobiert sind (Methoden übrigens, die in der aktuell akzeptierten Realität existieren müssen), wenden wir uns anderen Möglichkeiten zu. Aufgrund der Natur der Illusion suchen wir immer noch nach Antworten innerhalb der Illusion. Jede mögliche Veränderung wird innerhalb des (eingeschränkten) aktuellen Weltbildes gesucht. Eine interessante Idee, Probleme zu lösen, die sich aus einer scheinbar realen Situation ergeben, die ihrerseits als Ergebnis eines getäuschten Bewusstseins entstanden ist. Wow! Viel Glück dabei.

Loslassen

Wenn wir damit beginnen, die Verantwortung für das zu übernehmen, was sich in unserem Leben zeigt und aufhören, Schuldzuweisungen und Urteile zu fällen und wenn Probleme und Herausforderungen aufhören, jeden Tag aufzutauchen, wird der Teil offensichtlich, den wir selber spielen bei der Erschaffung der Welt, in der wir leben. Je offensichtlicher dies wird, je mehr wir bereit sind, Schuldzuweisungen und Urteile loszulassen, desto mehr sind wir in der Lage, die Energiezufuhr zu reduzieren, die wir unserer konditionierten Vergangenheit weiterhin geben.

Dies führt unweigerlich zu einer anderen Weltsicht, die schon immer da war, uns aber nicht zur Verfügung stand. Wir sehen, dass die Persona, die wir dachten zu sein, mit der wir uns so stark identifiziert hatten, nichts weiter als ein Hirngespinst gewesen war. Wenn wir Schuldzuweisungen und Urteile loslassen, lassen wir auch unser Festhalten an jenen Standpunkten los, die Schuldzuweisungen und Urteile entstehen liessen. Wir mögen immer noch Standpunkte haben, aber wenn wir sie als Ursache für all unsere Probleme sehen, dann messen wir ihnen weniger Bedeutung bei. Wenn wir diesen Standpunkten weniger Bedeutung beimessen, fallen unsere Probleme weg. Man kann sich kaum eine bessere Motivation ausmalen, um weiterzumachen.

Es gibt verschiedene Hindernisse, die auf dieser Reise auftauchen, weil das egozentrische Selbst nicht so schnell bereit ist, die Niederlage zu akzeptieren und die Persona, die es jahrelang aufgebaut, gepflegt und an die es sich geklammert hat, kampflos aufzugeben. Alle möglichen Argumente, Begründungen, Tricks und Schmeicheleien werden eingesetzt, um dich von der Torheit dieser Vorgehensweise zu überzeugen.

Es ist immer ein Fall von "lieber den Teufel, den du kennst", auch wenn dieser Teufel, diese Realität, dich an eine Vergangenheit versklavt, der du nicht zugestimmt hast und dich an eine Zukunft versklavt, die auf dieser Vergangenheit aufbaut, ohne Möglichkeit zu entkommen. Aber wir sind, wenn nicht noch viel mehr, zumindest Gewohnheitstiere.

Das Festhalten an einer Sichtweise kann als Verankerung in Zeit und Raum gesehen werden. Wir halten an einer

Vorstellung fest, wie die Dinge sein müssen, um unseren Seinszustand, unsere Existenz zu rechtfertigen. Wenn wir uns darin üben, die Energiemenge zu reduzieren, die wir diesen alten Sichtweisen geben, wird der Anker, der Klebstoff, schwächer. Wir scheinen unseren Halt an Zeit und Raum loszulassen. Zunächst erschreckt, greifen wir nach einem anderen Rettungsboot, einer Rettungsweste, einer anderen Sichtweise, irgendetwas, das uns den Eindruck vermittelt, auf festem Boden zu stehen. Mit der Übung fällt das Bedürfnis, etwas anderes zu finden, an dem wir uns festhalten können, weg und wir können das Leben auf eine ganz andere Art und Weise erleben. Wir haben unser Festhalten an Zeit und Raum losgelassen und gehen nun einfach mit dem Fluss.

Um diese Fahrt voll zu schätzen und zu geniessen, müssen wir auch die Identifikation mit einem Ergebnis loslassen, denn sobald wir ein Ziel haben, sind wir wieder da, wo wir angefangen haben. "Wir" wollen irgendwo hingehen, also sind "wir" auf einer Reise. Sofort kehrt dieses Konzept zurück, wir haben uns ein anderes Rettungsboot geschnappt, eine andere Sichtweise. Wir gehen nicht mehr mit dem Fluss, sondern versuchen stattdessen, unsere Umgebung so zu manipulieren, dass sie ein gewünschtes Ergebnis hervorbringt.

Zufälligerweise sind wir damit in einen Zustand von Subjekt-Objekt zurückgekehrt. Wir haben uns wieder in einem Konzept verankert. Loslassen braucht Übung, denn vor allem müssen wir uns sicher fühlen, damit eine Veränderung entstehen kann. Sicherheit kommt oft mit Vertrautheit. Wir sind vertraut mit der etablierten Ordnung, der alten Konditionierung, also fühlen wir uns darin sicher. Das ist keine wahre Sicherheit, sondern lediglich die Illusion von Sicherheit. Es ist jedoch eine starke Illusion, eine, die uns innerhalb ihrer Grenzen hält.

Während wir weiterhin an der konditionierten Sichtweise des Lebens festhalten, halten wir auch an der Idee fest, dass es jemanden gibt, der das Leben erlebt, dass jemand, wer auch immer, was auch immer es ist, ständig Schutz, Rechtfertigung und Bestätigung braucht. So fahren wir fort, eine Welt zu erschaffen, die scheinbar ausserhalb von uns selbst liegt, um uns selbst besser kennenzulernen. Die Vorstellung, dass wir als Körper das Leben erfahren, entsteht durch die Assoziation oder Identifikation mit Gedanken, Gefühlen und Emotionen, mit dem Körperbewusstsein. Doch wenn wir unseren Halt an dieser Sichtweise loslassen, dann wissen wir aus persönlicher Erfahrung, einem direkten Wissen, dass diese Idee nicht ist und nie war, wer wir sind.

Wenn wir fortfahren, weitere Sichtweisen loszulassen, öffnen sich unsere Augen für eine viel grössere Welt. Wir können Sichtweisen nicht loslassen, ohne Schuldzuweisungen und Urteile loszulassen. Wir können Sichtweisen nicht loslassen, ohne nicht erkannt zu haben, dass das, was wir für die Realität gehalten haben, einfach eine Projektion unserer — individuellen und kollektiven — Ansichten, unserer Überzeugungen, unserer Konditionierung war.

Wenn wir dieses Verständnis erreichen, ist die Idee, dass Karma tatsächlich zu jemandem gehören könnte, lächerlich. Damit etwas zu jemandem gehört, muss es einen "Jemand" geben, zu dem es gehören könnte. Dieser Jemand existiert nur in einem illusorischen Zustand, der Realität genannt wird. Dieser Jemand ist einfach die Verbindung mit einer Ansammlung von Sichtweisen.

Ändern unserer Überzeugungen

Wenn die Anhaftung an Ansichten wegfällt, reduziert sich auch jeder innere Dialog, der zu einem polarisierten Bewusstsein gehörte. Dies ermöglicht dem Geist mehr Frieden mit sich selbst. Es erlaubt das Bemerken von Gedanken und Gefühlen, die im Bewusstsein auftauchen, ohne sich mit diesen Gedanken oder Gefühlen zu identifizieren. Wenn ein Gedanke oder Gefühl einfach in deinem Bewusstsein auftaucht und keine weitere Energie erhält, entfällt er oder es sogleich. Wenn jeder Gedanke oder jedes Gefühl wegfallen darf, kann kein Konflikt folgen. Ohne oppositionelle Energie, ohne Energie, die einem Standpunkt gegeben wird, kann sich dieser nicht manifestieren. Wenn ein Standpunkt keine Ladung enthält, kann es auch keine Opposition zu diesem Standpunkt geben.

Einfach ausgedrückt, jegliche Möglichkeit der Opposition existiert nicht mehr, denn sie wird nicht unterstützt, weder von jemandem, der sie verstärkt, noch von jemandem, der sie herausfordert. Ohne die Unterstützung oder Herausforderung hört sie auf, zu existieren.

Der einzige Weg, um herauszufinden, ob da etwas Wahres dran ist, ist es selbst auszuprobieren. Erinnere dich daran, dass von einem konditionierten Standpunkt aus nichts ausserhalb dieser konditionierten Perspektive existieren kann. Nur weil es jenseits unserer gegenwärtigen Fähigkeit liegt, es zu erfassen oder zu verstehen, bedeutet das nicht, dass es nicht existiert.

Nur wenn wir die Fähigkeit entwickeln, über den Tellerrand des allgemein Akzeptierten hinauszuschauen, können wir die Antworten auf Probleme finden. Probleme können nur innerhalb der Box existieren. Wenn wir uns von der

Box befreien, befreien wir uns von den Problemen, die in der Box entstanden sind.

Einst glaubte man, dass die Erde flach sei und dass man vom Rand der Welt fallen würde, wenn man über den Horizont hinaus segelte.

Es war einmal eine Zeit, in der man glaubte, dass die Sonne um die Erde reist.

Es war einmal eine Zeit, in der man glaubte...

Es war einmal...

Es war einmal...

Alles, was man für real hielt, erwies sich später als nicht real. Es war einmal, dass wir glaubten, dass das Karma zu einer Person gehört und dass das Karma ihre Verantwortung ist.

Es war einmal, dass wir an die Unveränderlichkeit des Schicksals glaubten. Das war unser Schicksal, das ist, wer wir sind. Wir können unserem Schicksal nicht entkommen, wir können nicht ändern, wer wir sind. Das sind Sichtweisen, Glaubenssätze, die auf unserer vergangenen Konditionierung basieren. Wenn wir daran glauben, dann sind die Dinge so, wie sie sind. Solange wir weiterhin daran glauben, geben wir diesen Überzeugungen weiterhin Energie. Solange wir sie weiterhin mit Energie füttern, bleiben sie "wahr". Solange sie wahr bleiben, müssen wir irgendetwas tun, um die Situation zu verbessern, damit sich unsere Persona sicher und gerechtfertigt fühlt. Solange wir fortfahren, etwas zu tun, geben wir unsere Energie an die sich manifestierende Realität. Solange wir fortfahren, der sich manifestierenden Realität unsere Energie zu geben, sind wir Teil des Problems.

Entziehe dem Konflikt deine Energie

Die Realität ist lediglich eine Illusion, wenn auch eine
sehr hartnäckige.

Albert Einstein

Wenn wir unsere Energie entziehen, basierend auf Nicht-
Urteilen, keiner Schuldzuweisung und Nicht-Identifikation
mit den Phänomenen, werden wir zu einem Teil der Lösung.
Wenn wir unsere Energie entziehen, hören wir auf, ein System
zu unterstützen, in dem Konflikte unvermeidlich sind. Wir lassen eine andere Realität zu.

In letzter Zeit wurde über die Möglichkeit einer parallelen Realität oder Realitäten gesprochen. Dies wurde in dem
Film "What the Bleep" (deutscher Titel: "Ich weiss, dass ich
nichts weiss!") vorgestellt. Diese Idee ist nicht kompliziert;
ich glaube, dass wir alle einzigartige Aspekte einer globaleren
Realität bewohnen. Schau dir deinen eigenen Lebensstil an,
der für dich und die, die dir nahe stehen, einzigartig ist und
sich doch sehr von der Realität anderer unterscheidet.

Wann immer wir eine Entscheidung treffen, richten wir
unsere Energie auf diese Entscheidung aus. Für die meisten
Menschen ist ihre Fähigkeit, eine Entscheidung zu treffen, auf
ihre früher getroffenen Entscheidungen und die Parameter
der konditionierten Realität, in der sie leben, beschränkt. Wir
haben also nicht wirklich die Freiheit der Wahl. Jede Wahl, die
wir haben, existiert nur innerhalb eines begrenzten Bereiches
von Optionen, die auf vergangenen Entscheidungen basieren,
die wiederum ein Produkt von vorher festgelegten Parametern
waren. Wo wir glauben, dass wir die Freiheit der Wahl haben,
sind unsere Entscheidungen alles andere als frei. Wir haben

uns unbewusst in bestimmte Bahnen hineingezwängt, die von unserer persönlichen Geschichte diktiert wurden.

Da wir durch unseren konditionierten Verstand die Welt auf eine bestimmte Art und Weise erwarten, entfaltet sich die Welt auch weiterhin auf diese Weise. Wir können aus den Optionen wählen, die uns zur Verfügung stehen, aber diese Optionen sind sehr begrenzt. Dies dient dazu, uns auf diesem Weg zu halten, denn ohne einen äusseren Bezugsrahmen können wir uns eine andere Realität nicht einmal ansatzweise vorstellen.

Was passiert aber, wenn dir aufgrund der Umstände eine Wahl angeboten wird, die aus dem Rahmen fällt, aus dem Rahmen, der dir so vertraut geworden ist? Wenn du diese "ungewöhnliche" Wahl triffst, dann kann dein Weg eine dramatische Richtungsänderung erfahren, die dir eine Realität, eine Möglichkeiten eröffnet, die du vorher nicht in Betracht gezogen hattest. Wenn dies geschieht, bleibt die Frage, wer du immer noch glaubst zu sein. Dies ist immer noch ein Produkt vergangener Konditionierung; es ist nicht, wer du bist, es ist einfach das, was du geglaubt hast zu sein.

Wenn sich also eine scheinbar neue Gelegenheit bietet, magst du den Weg wechseln, aber es ist immer noch das konditionierte Du, das den Weg wechselt. Es ist immer noch das Du, von dem du glaubst, dass du es bist. Es scheint, dass wir nicht vor uns selbst fliehen können. Wir nehmen unser Selbst mit uns, wohin wir auch gehen; unser Selbst taucht immer wieder auf. Das bedeutet, dass die persönlichen Themen, die wir vor der Veränderung hatten, nicht an der Kreuzung zurückgelassen wurden: Sie leisten uns Gesellschaft, während wir den neuen Weg beschreiten und sie werden immer wieder auftauchen, egal wohin wir gehen oder wie schnell wir rennen.

Wenn dies geschieht, ist der neue Weg einfach eine weitere Ablenkung. Es gibt nichts Neues daran, denn die Person, die es erlebt, hat sich nicht verändert. Also wird die Erfahrung alte Muster wiederholen. Es sind diese alten Muster, die wir loslassen müssen. Bevor wir etwas loslassen können, müssen wir uns seiner Existenz bewusst sein. Es hilft nicht, sich der Probleme oder Muster bewusst zu sein, die immer wieder auftauchen, wenn du immer noch andere für dein Unglück verantwortlich machst und dich selbst oder andere als schuldig ansiehst. Wenn du an dem alten Programm der Schuldzuweisung und des Urteils festhältst, dann kann sich nichts ändern.

So kann Bewusstheit der Schlüssel und ein erster Schritt zur Veränderung sein. Aber an sich ist es nicht genug. Es ist das, was wir mit diesem Bewusstsein tun, das der Schlüssel zur Veränderung ist. Je mehr Wissen wir erlangen, desto mächtiger werden wir. Das bedeutet nicht, dass wir in der Lage sind, die Realität, in der wir leben, signifikant zu verändern — obwohl jeder Gedanke, jedes Wort und jede Handlung diese Realität beeinflusst, scheinen die meisten Veränderungen innerhalb der Grenzen des bestehenden Zustands zu geschehen. Unser aktuelles Verständnis der Realität existiert innerhalb dieser Realität, die sich aufgrund unserer Gedanken, Worte und Handlungen in der Vergangenheit entfaltet hat. Sogar innerhalb dieser Realität können wir sehen, wie verschiedene Entscheidungen, die wir getroffen haben, den Eindruck erweckt haben, unsere Zukunft zu verändern.

Die Realität, in der wir leben, die wir Moment für Moment aufbauen, basiert auf bestimmten Überzeugungen. Ohne Unterstützung fallen diese Überzeugungen weg. Egal, ob sie nun für die Gruppe oder auf individueller Basis wegfallen, sie müssen ersetzt werden.

Wenn wir den Volkserzählungen und der Mythologie zuhören, vorausgesetzt man glaubt ihnen, hatten die Menschen bestimmte Überzeugungen, die sich manifestierten, bis eindringende Mächte den besiegten Völkern eine andere Sammlung von Überzeugungen aufzwangen. Mit der Zeit starben die ursprünglichen Glaubensvorstellungen aus. Als die Menschen aufhörten, an verschiedene Aspekte ihrer "alten" Kultur zu glauben, verlagerte sich ihre manifestierende Realität weg von dem, was ihnen als ihr traditioneller Glaube erschien, hin zu den Überzeugungen der Eindringlinge. Bis neue Invasoren auftauchten und ihre Überzeugungen, ihre Werte aufzwangen.

Dies scheint sich wie ein roter Faden durch die Geschichte zu ziehen. Nichts hat sich geändert. Länder führen immer noch Krieg wegen ihrer konditionierten Glaubensmuster und zwingen anderen Ländern ihre Werte auf. Es gibt viele Gründe oder sollte ich sagen, Rechtfertigungen für diese Handlungen, aber die grundlegende Ursache ist immer die gleiche: Der konditionierte, polarisierte Zustand der Individuen, die das Kollektiv bilden. Vielleicht müssen wir uns mit diesem Konzept abfinden, dass die Realität, die wir derzeit erleben, auf Konflikten basiert, immer schon war und immer sein wird.

Ohne eine tiefgreifende Veränderung des Individuums ist der Konflikt unausweichlich. Es scheint, dass es in der fernen und jüngsten Vergangenheit viele "Boten" gegeben hat, Menschen, die versuchten, die grundlegenden Werte der Mehrheit zu verändern. Die Schwierigkeit, mit der jeder konfrontiert wird, der versucht, neue Werte einzuführen, ist, dass er innerhalb konditionierter Grenzen agiert. Die allgemeine Bevölkerung hat sich daran gewöhnt, dass die Dinge auf eine bestimmte Art und Weise ablaufen, sie ist durch ihre Vergangenheit konditioniert worden und hat Schwierigkeiten, diese Vergangenheit loszulassen. Wenn wir die Vergangenheit nicht loslassen können, dann wird die Zukunft nur noch mehr vom Gleichen bringen.

Wenn wir uns gegen ein Glaubensmuster auflehnen, stossen wir unweigerlich auf Widerstand. Veränderung ist in Ordnung, solange sie in bestimmte, bereits etablierte Parameter passt. Wenn unsere Vorstellungen von dem, was real ist, herausgefordert werden, suchen wir Sicherheit in den alten, akzeptierten Wegen. Wenn neue Ideen nicht in unsere gegenwärtig akzeptierten Wege passen, dann werden sie entweder komplett ignoriert, von vornherein abgelehnt oder so manipuliert, dass sie doch passen. Menschen zu konfrontieren erzeugt immer Widerstand. Dieser Widerstand findet nicht immer auf einer bewussten Ebene statt.

Wenn wir eine etablierte Art haben, das Leben zu betrachten, Dinge zu tun, gibt es bestimmte Erwartungen, die mit bestimmten Phänomenen verbunden sind. Auf biologischer Ebene bedeutet das, dass wir uns eine Routine angewöhnt haben, bei der die Neuronen des Gehirns bei bestimmten Reizen auf eine vorher festgelegte Art und Weise feuern, um eine bestimmte Chemikalie zu produzieren, die wiederum dem Körper das erwartete Gefühl vermittelt. Wir sind so sehr daran gewöhnt, uns mit den Gefühlen/ Chemikalien zu identifizieren, die in unserem Körper/ Bewusstsein auftauchen, dass wir sie einfach akzeptieren als uns selbst. Es gibt keinen "Spielraum", keinen Moment, in dem wir die Ursprünge unserer reaktiven Natur hinterfragen.

Widerstand gegen Veränderung

Wenn diese konditionierte Routine in Frage gestellt wird, erzeugt das ein Gefühl, das uns entweder nicht vertraut ist oder das wir als sehr unangenehm empfinden. Die konditionierte Reaktion des Körpers ist, solche Herausforderungen an seine gewohnte Ordnung abzulehnen, zu verleugnen, sich zu widersetzen. Konfrontation wird diese Reaktion jedes Mal auslösen. Eine kleine Herausforderung, eine kleine Konfrontation kann wertvoll sein, indem sie neue Gedanken, neue Herangehensweisen an alte Probleme stimuliert. Eine ernsthafte Herausforderung, eine grosse Konfrontation löst jedoch eine entgegengesetzte Reaktion aus. Dies ist ein wichtiger Faktor, warum unsere Realität dazu bestimmt zu sein scheint, weiterhin in einem konfliktreichen Zustand zu existieren. Jede Konfrontation heizt den Konflikt nur an. Solange jemand versucht, einem anderen seine Werte aufzudrängen, ist Widerstand garantiert.

Solange es Widerstand gegen Veränderungen gibt, werden die Botschafter missverstanden werden: Vielleicht nicht absichtlich, aber wenn die neue Information nicht in die aktuell akzeptierte "Box" passt, dann muss sie so manipuliert werden, dass sie es tut. Eine Person mag mit Klarheit sprechen, aber wenn die Person, mit der sie spricht, diese Information durch urteilende Ohren filtert, dann ist das, was sie hört, nicht unbedingt das, was gesagt worden ist. Die individuelle Interpretation von etwas "Ungewöhnlichem" hängt von der Fähigkeit des Einzelnen ab, zu hören. Nur sehr wenige Menschen haben diese Fähigkeit. Sie mögen sich einbilden, dass sie richtig hören, weil sie es nur auf ihre Art kennen. Wer wird die Gültigkeit dessen, was du hörst oder wie du es verstehst, in Frage stellen? Du hörst es, du verstehst es, Punkt.

Du hörst und verstehst nach deinen eigenen Werten, deinen eigenen Urteilen, deiner eigenen Konditionierung. Was nicht unbedingt das ist, was gesagt worden ist.

Man könnte sagen, dass wir ständig parallele Realitäten miterschaffen. Mit jeder "neuen" Entscheidung bewegen wir uns in eine etwas andere Richtung. Diese parallelen Realitäten sind nur Unterzweige der Hauptshow. Wenn dies jedoch der Fall ist, wenn jeder "neue" Gedanke uns in eine andere Richtung führt, mit unterschiedlichen Möglichkeiten und Ergebnissen, dann können wir sehen, was wir genau jetzt tun: Mit jeder Entscheidung, die wir treffen, gestalten wir die Zukunft. Auch wenn wir keine bewussten Entscheidungen treffen, ist die Zukunft ein Produkt unseres konditionierten Verhaltens.

Wir mögen das Gefühl haben, dass wir von anderen manipuliert werden, aber die Realität ist, dass wir von unserem eigenen gewohnheitsmässigen, konditionierten Denken manipuliert werden — wie jeder andere auch. Eine neue Realität ist nicht in der Revolution zu finden. Revolution ist einfach die Ablehnung des Status quo, eine Verschiebung des Fokus, aber immer noch innerhalb des Systems, das diesen Fokus geschaffen hat.

Wir sind so sehr darauf konditioniert, für Veränderungen zu kämpfen, dass wir nicht erkennen, dass jeder Kampf einfach dasjenige weiterführt, was wir doch eigentlich verändern wollten.

Tun versus Sein

Also, wie können wir uns verändern, ohne etwas zu tun? Was können wir erschaffen, ohne nach einer Idee zu handeln? Worauf können wir uns freuen, wenn wir keinen Traum, kein

Ziel haben? Wie können wir aufhören, Handlungen zu verurteilen?

Bevor wir uns überhaupt vorstellen können, einen solchen Weg zu gehen, müssen wir uns zuerst damit auseinandersetzen, wie unsere Gedanken, Worte und Handlungen die Welt erschaffen, in der wir leben. Solange wir nicht die Verantwortung für die Rolle übernehmen können, die wir bei der Erschaffung dieser Realität spielen, werden wir darin gefangen bleiben und der Illusion Energie geben. Das Ausmass der Rolle, die wir spielen, kann nur erkannt werden, wenn wir aufhören, jeder Situation, der wir begegnen, Energie zu geben. Es scheint so, als ob wir gefangen sind zwischen Nichtstun und der weiteren Unterstützung des Konflikts, in dem wir uns befinden.

Die Konditionierung hält uns vom Nichtstun ab. Sie ist so mächtig, dass sie uns tiefer in die Trennung treibt und aus dieser Trennung heraus entsteht ständig das Bedürfnis, etwas zu "tun". Sehr oft wird unser bewusstes Selbst uns nicht erlauben, tatenlos zuzusehen, wie sich Missbrauch um uns herum entfaltet. Aber es ist das konfliktbehaftete Selbst, das das Bedürfnis verspürt, etwas zu tun, weil das konfliktbehaftete Selbst keine andere Möglichkeit des Seins kennt. Das ist das grundlegende Dilemma, das uns an das Rad des Handelns fesselt.

Ich denke, dass die meisten Menschen das Bedürfnis verspüren, etwas zu tun, weil sie sich die Alternative nicht vorstellen können. Aus der Perspektive eines Verstandes, der darauf konditioniert ist, immer etwas zu tun, ist es nicht möglich, mit dem "Tun" aufzuhören, denn dann würde nichts getan werden. Im schlimmsten Fall würden diejenigen, die in einer Weise handeln, die deinen Überzeugungen und Werten widerspricht, die Tatsache ausnutzen, dass du aufgehört hast, etwas zu tun.

Du siehst das Problem: Du kannst es dir einfach nicht leisten, aufzuhören, etwas zu tun, im Versuch, es zu lösen.

Diese Perspektive, diese Sichtweise ist nur innerhalb der Struktur gültig, die sie erschaffen hat und weiterhin unterstützt. Wenn der Realität, in der du dich gerade befindest, die Energie ausgeht, dann würde der Antrieb, der diese Realität aufrechterhält, einfach wegfallen. Die Idee, dass nichts an seine Stelle treten würde, hat keine Grundlage. Nur aus dem Blickwinkel, den du gerade einnimmst, kann man sich ein Problem vorstellen.

Wenn der Antrieb, der deine gegenwärtige Realität aufrechterhält, einfach wegfallen würde, ist es durchaus möglich, dass dies zu einer psychotischen Episode führen könnte. Wenn das Vertraute nicht mehr da ist, um dich zu unterstützen, kommt die konditionierte Reaktion, sich an irgendetwas zu klammern, was jetzt Sinn macht. Ohne ein gewisses Training wäre diese totale Abwesenheit des Vertrauten sehr angsteinflössend. Wir mögen glauben, dass "nichts" auftaucht, aber was wirklich passiert ist, dass das Erwartete nicht auftaucht. Wir haben uns so sehr an eine begrenzte Wahrnehmung der Realität gewöhnt, dass alles, was ausserhalb dieser Begrenzungen liegt, ganz einfach nicht wahrgenommen wird, kein Teil unserer Realität ist. Es existiert, wir können es nur nicht sehen.

Es mag gute Gründe geben, warum wir nicht mehr sehen können, als wir sehen. Wenn unser Nervensystem, so wie es in seinem jetzigen Zustand existiert, darauf "konditioniert" wurde, einen bestimmten engen Bereich von Informationen zu erfahren, dann wäre es höchst traumatisch und würde das System überlasten, wenn wir einem viel breiteren Bereich von Informationen ausgesetzt wären. Die Lehren, die uns auffordern, "im Moment zu sein", sind viel grundlegender als eine einfache Ermahnung, deine Erfahrung zu maximieren, indem du weder in der Vergangenheit noch in der Zukunft lebst.

Keine leichte Aufgabe, ohne Vergangenheit oder Zukunft zu leben. Wir sehen die Welt durch unsere konditionierte Vergangenheit und diese Vergangenheit hat uns zu dem gemacht, was wir glauben zu sein. Wie ist es möglich, ohne eine Vergangenheit zu leben? Nach unserem derzeitigen kollektiven Verständnis ist das nicht möglich. Dennoch, wenn den Informationen in diesem Buch Glauben zu schenken ist, dann hat uns unsere Vergangenheit auf eine Art und Weise eingeschränkt, die wir uns nur im Ansatz vorstellen können. Wenn wir so verloren sind in dem, was wir glauben zu sein, so zufrieden mit dem, was sich in unserer Welt zeigt, dann gibt es natürlich nichts zu ändern: Wir machen weiter, was auch immer wir tun. Doch wenn wir sehen, dass unsere Vergangenheit uns eingeschränkt hat, was ist dann so besonders an dieser Vergangenheit, dass wir an ihr festhalten und sie von Moment zu Moment neu erschaffen wollen?

Angst ist ein Hauptfaktor, der jede Veränderung einschränkt oder blockiert, wir haben Angst vor dem Unbekannten. Aber Angst ist eine konditionierte Reaktion. Sie hat keinen Platz in einer Seele, die zu ihrer wahren Natur erwacht ist. Es ist die konditionierte Vergangenheit, die das Konzept der Angst aufrechterhält und dies wird zu einem sich andauernd selbst erhaltenden Teil der Welt, in der wir leben. Warum sollte jemand, der bei klarem Verstand ist, an einem solchen Glauben festhalten? Es könnte gut argumentiert werden, dass keiner von uns bei klarem Verstand ist: Wir sind alle in Geschichten aus der Vergangenheit verloren.

Dennoch ist es eine Herausforderung, bewusst im

Moment zu leben, denn der Verstand ist ein geschäftiger Ort, immer auf der Suche nach etwas, das ihn vor der "Dunkelheit" rettet, von der er glaubt, dass sie im Raum zwischen den Gedanken existiert. Der Verstand konstruiert ständig eine "Realität" aus dem, was er zu wissen glaubt, so dass er sich nie mit dem auseinandersetzen muss, was er glaubt, nicht zu wissen. Das bedeutet für mich, dass wir immer im Moment sind, wir können nirgendwo anders "sein". Es ist der Verstand, der unsere Realität aus den in der Vergangenheit erworbenen Informationen konstruiert und sie in die Zukunft projiziert. Dies hat den Effekt, einen Fluss von akzeptablen Informationen aufrechtzuerhalten. Erinnere dich daran, dass dieser Informationsfluss nur akzeptabel ist, weil er vertraut ist. Wir werden von dem Vertrauten abhängig, auch wenn dieses Vertraute uns in unserer eigenen Vergangenheit gefangen hält.

Aber stell dir vor, den Prozess der Gedanken zu verlangsamen.

Lernen, im Moment zu leben

Ein Gedanke entsteht aus einer konditionierten Vergangenheit. Dieser Gedanke erschafft die Welt, in der wir leben oder, genauer gesagt, er erhält eine sich manifestierende Realität aufrecht, die aus einer vorangegangenen Kette von Gedanken entstanden ist. In einem hektischen Leben manifestiert sich die Realität als Ergebnis des Gedankens scheinbar sofort und wird sofort durch einen anderen Gedanken ersetzt, der ein Produkt der vorherigen Gedanken sein muss. Dieser neue Gedanke kann durchaus sein, wie man mit der Realität umgeht, die als Ergebnis des letzten Gedankens auftaucht! Aus diesem Gedankengang heraus wird also eine Zukunft projiziert, in welcher überlegt wird, wie man mit dem umgeht, was aus dem letzten Gedanken entstanden ist. Das beeinflusst den Gedankenprozess und beschränkt ihn im Wesentlichen auf Schadensbegrenzung.

Die Verlangsamung des Gedankenprozesses erlaubt es uns, zunächst kurz in dem Raum zwischen den Gedanken zu verweilen. Beängstigend? Möglicherweise, denn es ist ungewohnt. Es ist wie eine alte Filmrolle, die vor der Digitalisierung gemacht wurde. Eine Serie von Standbildern, die, wenn sie durch einen Projektor, ein Licht und mit einer bestimmten Geschwindigkeit betrachtet wird, als bewegtes Bild erscheint. Unsere Realität ist ein bisschen wie das. Eine Serie von Standbildern, die aneinandergereiht und als Film betrachtet werden. Zwischen den einzelnen Standbildern gibt es eine kleine Lücke. Wir neigen dazu, diese Lücke zu füllen, sobald wir sie bemerken, manchmal sogar, bevor wir sie bemerken, denn die Abwesenheit von Gedanken ist beängstigend. Das ist natürlich das Ziel der Meditation: Den Gedankenprozess zu verlangsamen, damit wir zur Ruhe kommen, uns wohlfühlen, uns mit der Ruhe vertraut machen können.

In dem Training, im Moment zu leben, in dieser Ruhe zwischen den Gedanken, bemerken wir, dass ein Gedanke auftaucht und wir tun unser Bestes, ihn einfach loszulassen. Ein anderer Gedanke wird auftauchen und wir versuchen unser Bestes, auch diesen loszulassen. Ziemlich bald werden wir besser darin und erlauben den Gedanken, zu kommen und zu gehen, ohne ihnen Bedeutung beizumessen, ohne nach dem Gedanken zu greifen. Denn diese Handlung macht ihn real, gibt ihm Energie, macht ihn zu einem Teil unserer Zukunft. Diese Gedanken entspringen der Vergangenheit und werden, wenn man ihnen Energie gibt, unsere Zukunft erschaffen. Es gibt viele Methoden, mit denen wir einen Gedanken beobachten und loslassen können. Wir können diese Methoden anwenden, um die Energie hinter einem Gedanken zu bemerken und um die Ladung, die als Ergebnis unserer Identifikation mit Ereignissen und Emotionen aus der Vergangenheit existiert, loszulassen, bevor sie manifest wird.

Dies ist ein guter Weg, um sich mit Ladung oder Karma zu befassen und loszulassen: die Ladung zu bemerken und aufzuhören, ihr Energie zu geben, bevor sie sich zu stark manifestieren kann. Je grösser die Ladung ist, je mehr Energie ihr — dem Thema rund um die Ladung — in der Vergangenheit gegeben wurde, desto mehr Energie muss losgelassen werden. Zumindest scheint dies der Fall zu sein, aber der Schein trügt und ist ein Produkt der Vergangenheit. Die Vorstellung, dass die Ladung, das Karma, deins ist, ist ebenfalls ein Produkt des vergangenen Denkens. Solange es irgendeine Identifikation mit der Ladung gibt, scheint die Ladung zu dir zu gehören. Deshalb musst du etwas dagegen tun. Entweder du fährst fort, ihr Energie zu geben oder du beginnst den Prozess des Loslassens der Ladung durch die Praxis der Nicht-Identifikation.

Solange wir unterbewusst von Ladung aus der Vergangenheit angetrieben werden, solange wir noch glauben, dass die Ladung zu uns gehört, befinden wir uns in einem ständigen Kampf. Die Vergangenheit erschafft den Moment; die Identifikation mit der Ladung projiziert diesen Moment und erschafft unsere Zukunft. Die unbewegten Aufnahmen werden zu einem Film, der ständig durch die Verbundenheit mit "unserer" Vergangenheit neu erschaffen wird.

Die Sorge darüber, was zwischen den Gedanken auf uns wartet, ist oft das, was uns davon abhält, diesen Ort zu besuchen. Wenn wir, aus welchem Grund auch immer, diese Reise beginnen, bemerken wir: Das häufigste, was zwischen den Gedanken auftaucht, bist du selbst. Deine Vergangenheit, die Aspekte von dir selbst, die verborgen und vergraben geblieben sind. All die Teile, die du immer noch als angstvoll, beschämend, inakzeptabel bewertest. Deine Schattenseite. Das ist ein sehr guter Grund, warum du es vielleicht bisher vermieden hast, den Ort zwischen den Gedanken zu besuchen. Du wirst dir selbst gegenübergestellt.

Das Selbst kann ziemlich beängstigen, wenn du nicht verstehst, was passiert. Das Ego wird alle möglichen Szenarien erfinden, oft angstbasiert, um dich davon abzuhalten, zu lange an diesem Ort zwischen den Gedanken zu verweilen, weil es sich fälschlicherweise in Gefahr wähnt und alles tun wird, was es für notwendig hält, um die Kontrolle zu behalten.

Wenn wir uns darin üben, der Vergangenheit und dem, was aus ihr entsteht, keine Energie zu geben, geschehen mehrere Dinge. Eines der wichtigsten ist vielleicht die sich entwickelnde Fähigkeit, der Vergangenheit zu begegnen, ohne ihr noch mehr Energie zu geben, ohne zu reagieren, wie wir es vielleicht früher getan haben. Wenn wir aufhören, die Vergangenheit mit Energie zu versorgen, verliert sie langsam an Intensität und Ladung und wir beginnen, uns mit den Gefühlen wohler zu fühlen, die vorher so viel Kummer verursacht haben. Wir beginnen, uns mit den Schattenaspekten von uns selbst sicher zu fühlen.

Sicherheit ist der Schlüssel zu jeder Veränderung. Solange wir uns nicht sicher fühlen mit Gefühlen, die uns früher dazu veranlasst haben, zu reagieren, uns zu verschliessen, defensiv zu werden, werden wir immer — mit oder ohne Bewusstsein — diesen alten Mustern weiter Energie zuführen. Der Mangel an Sicherheit, auch wenn er nicht als solcher zugegeben werden mag, ist ein Hauptgrund für uns, uns zurückzuhalten und in den alten Mustern zu bleiben. Wenn wir uns darin üben, Gefühle wahrzunehmen, vor allem die ersten Emotionen, beginnen wir zu erkennen, warum wir diese Gefühle haben und woher sie kommen. Wir bemerken vielleicht, dass wir, bevor eine bestimmte Person den Raum betrat, eine Emotion fühlten. Sobald diese Person oder eine Erinnerung an diese Person auftaucht, fühlen wir etwas anderes. Zuerst mögen wir die andere Person tadeln oder ihr danken, je nachdem, welches Gefühl sie in uns auszulösen scheint. Wenn wir bemerken, dass andere Menschen anders auf diese Person reagieren, fragen wir uns vielleicht, warum diese Person auf sie anders wirkt als auf uns.

Vielleicht hat diese Veränderung der Gefühle etwas mit mir zu tun? Wenn ich die einzige Person bin, die auf diese Weise reagiert, dann muss es etwas in der Art und Weise sein, wie mein System verdrahtet ist. Kann ich die Verdrahtung ändern, so dass ich nicht mehr so stark reagiere? Wenn du dich in dem Gefühl verlierst und immer noch den anderen beschuldigst, dann kann diese Verschiebung des Fokus nicht passieren. Wenn du in der Lage bist, einen anderen Blick auf das zu werfen, was vor sich geht und warum, dann kannst du anfangen, ein wenig Verantwortung für deine Gefühle zu übernehmen. Wenn du die Verantwortung akzeptierst, dann ist deine Wahl, wie du dich verändern kannst, immer noch durch deine vergangenen Konditionierungen und die Regeln und Werte, die du aus der Vergangenheit übernommen hast, begrenzt. Um über diese alten Reaktionsweisen hinauszugehen, ist es nötig, die Fähigkeit zu entwickeln, aus dem Drama herauszutreten und die Situation objektiver zu betrachten.

Wir tun dies, indem wir Veränderungen in der Körperchemie wahrnehmen, verstehen, warum diese Veränderungen auftreten und aufhören, ihnen Energie zu geben. So beginnen wir, uns von der Vergangenheit zu befreien, was wiederum die Tür zu einer neuen Art der Beziehung öffnet.

Wenn du etwas gegen Situationen in deinem Umfeld tun musst, die dir und anderen als ungerecht erscheinen, dann sei dir bewusst, wer es ist, der etwas tun will. Eine überflüssige Bemerkung für einen, der sich in dem Drama verloren hat, denn es kann nur "ich" sein, der etwas gegen eine Situation tun will. Handelt dieses "Ich" aus einem Urteil heraus? Wenn ja, dann wird er oder sie der Situation Energie hinzufügen und keinen Druck ablassen. Wenn die Bevölkerung in den Krieg zieht und diejenigen mit gegenteiligen Ansichten sich weigern, werden sie verleumdet und verfolgt. Diejenigen, die für sich selbst denken, können nicht in den Krieg ziehen, diejenigen, die aufgrund ihrer Konditionierung nicht in der Lage sind, einen eigenen Gedanken zu fassen, werden immer das tun, was das Kollektiv tut. Ist es schwieriger, in den Krieg zu ziehen oder sich dagegen zu wehren? Wenn du irgendetwas tust, vor allem etwas, was dir gesagt wird, dann halte inne und hinterfrage, folge nicht blind. Hinterfrage alles.

Dieses "wer" tut, ist ein interessantes Konzept. Obwohl es offensichtlich erscheint, scheint es nur so wegen des konditionierten Geisteszustandes des Denkenden.

8

Die Welle
kollabieren lassen

Ich erinnere mich an das Zen-Sprichwort "Vor der Erleuchtung: Hacke Holz und schleppe Wasser. Nach der Erleuchtung: Hacke Holz und schleppe Wasser." Nun, was ist so besonders an der Erleuchtung? Wenn ich vorher Holz hacke und Wasser schleppe und danach immer noch Holz hacke und Wasser schleppe, dann ändert sich nichts. Warum sich die Mühe mit der Erleuchtung machen?

Der Schlüssel hier ist natürlich, wer genau das Holz hackt oder das Wasser schleppt. Vor der Erleuchtung ist das Wer eine Persönlichkeit mit Vorlieben und Abneigungen, Urteilen und Schuldzuweisungen. Der Akt des Holzhackens oder Wasserschleppens kann als lästige Pflicht angesehen werden, es kann durchaus Widerstand gegen die Aufgabe geben. Dieses "Wer" würde lieber etwas anderes tun, es will eh immer etwas anderes tun, egal bei welcher Aufgabe. Wenn das "Wer" persönlichkeitsbasiert ist und dieses "Wer" lieber woanders wäre, dann zieht sich die Zeit hin, du schaust immer auf die Uhr und wartest, bis die Uhr dir sagt, dass du die Aufgabe wechseln sollst. Wie Kinder in der Schule mit einem langweiligen Lehrer, die die ganze Zeit zur Uhr schielen und auf die Glocke warten.

Dieser Widerstand gegen jede Aufgabe entsteht, weil der konditionierte Verstand denkt, dass da immer ein anderer Ort ist, wo man sein könnte oder wie man die Zeit mit etwas Besserem verbringen könnte. Das führt dazu, dass man sich nicht auf die anstehende Aufgabe konzentrieren kann — pass auf die Finger auf, wenn die Aufgabe Holz hacken ist! Hast du das schon mal gemacht? Dich selbst verletzt, während du eine Aufgabe erledigst, auf die dein Geist nicht fokussiert war? Und dann der Aufgabe die Schuld geben!

Der Zustand "nach der Erleuchtung" betrachtet die Aufgabe nicht mehr als etwas vom Selbst getrenntes, die Aufgabe und der Ausführende werden eins. Widerstand kann nicht existieren, wenn die Aufgabe nicht durch urteilende Augen gesehen wird, die Augen des konditionierten Geistes. Unfälle sind unwahrscheinlich, die Zeit wird nicht so langsam vergehen und die Aufgabe wird mit viel weniger Anstrengung erledigt werden. Wenn das "Wer" mit dem zufrieden ist, wo er oder sie gerade ist und nicht immer woanders sein möchte, lebt er oder sie weder in der Vergangenheit noch in der Zukunft. Diese Person erlebt den Moment ganz anders als eine andere Person, die noch entweder in der Vergangenheit oder in der Zukunft lebt. Das hat auch den Vorteil, dass man keine weiteren Momente erschafft, die auf vergangenen Gedanken basieren.

Erstaunlicherweise erlaubt dir das völlige Sein im Moment, ohne Vergangenheit oder Zukunft, eine ganz andere Zukunft zu entfalten als es diejenigen Menschen erleben, die aufgrund der Abhängigkeit von ihrer Konditionierung mehr vom Gleichen erwarten und es auch bekommen.

Die Zukunft, die sich für denjenigen ergibt, der in Frieden mit sich selbst ist, kann nur eine friedliche Zukunft sein. Jemand, der vorgibt, im Frieden zu sein, jemand, der ein Lippenbekenntnis zum Frieden ablegt, jemand, der behauptet, eine friedliche Welt zu wollen, der aber immer noch urteilt und andere für alle seine Probleme verantwortlich macht, wird in seiner Zukunft immer noch Konflikte erleben, einfach weil er selber immer noch im Konflikt ist.

Wenn wir beginnen, die Gültigkeit dieser Sichtweise zu akzeptieren — eine Sichtweise übrigens, die darauf ausgelegt ist, sich selbst zu zerstören, sobald sie ihre Aufgabe erfüllt hat — beginnen wir, unsere Erfahrungen mit anderen Augen zu betrachten. Augen, die nicht völlig klar sind, denn die Konditionierung braucht eine Weile, um sich aufzulösen, aber Augen, die doch in der Lage sind, das Potenzial einer nicht wertenden Zukunft zu sehen.

Dieser flüchtige Blick in andere Möglichkeiten ist alles, was es braucht, um die Person, die durch diese "neuen" Augen schaut, zu ermutigen, weiterzumachen. Wenn du einmal angefangen hast, gibt es kein Zurück mehr, warum solltest du auch zurück wollen? Diese Reise "querfeldein" kann herausfordernd sein, weil du beginnst, dich deinen persönlichen Dämonen zu stellen, den Teilen von dir selbst, vor denen du so viele Jahre lang wegge-laufen bist. Wenn du dich der Vergangenheit und der langen Zeit der Identifikation mit den zugehörigen Gefühlen stellst, kann dies ein schmerzhafter Prozess sein. Doch die Praxis beinhaltet das Wahrnehmen und sobald du den Schmerz wahrnimmst, ziehst du deine Energie zurück. Du fütterst die Vergangenheit nicht mehr ganz so freizügig, wie du es einst getan hast.

Diese "neue" Reise kann endlos sein, wenn du weiterhin alles, was du fühlst, persönlich nimmst, wenn du deine Tage mit Selbstmitleid verbringst. Die Zeit wird sich hinziehen, es wird Widerstand geben, Unwillen weiterzumachen: Wer hackt das Holz? Es gibt Tricks, die du auf dem Weg anwenden kannst, die dir helfen, deinen Fokus woanders hin zu lenken, die Gefühle nicht mehr so ernst zu nehmen, dich nicht mehr selbst zu bemitleiden. Menschen, die erkennen, was sie tun und bemerken, wie sie der Vergangenheit weiterhin Energie geben, sich aber unfähig fühlen, ihren Fokus zu ändern, schlage ich vor, dass sie sich sanft mit einem Hammer auf den Daumen hauen. Das funktioniert in der Regel. Nicht zu hart — ich will nicht, dass die Leute mich verklagen, weil ich ihnen vorschlage, sich selbst zu verstümmeln — nur ein kleiner Schlag, um den Fokus zu verändern.

Hast du jemals bemerkt, dass du dich in einem Gefühl oder einer Emotion aus der Vergangenheit verlierst? Eine alte Konditionierung, die wieder einmal eingesetzt hat und ein vergangenes Ereignis wieder aufleben lässt? Das passiert uns allen, obwohl wir es meistens nicht bemerken, es passiert einfach. Wir müssen uns selbst trainieren, die Erinnerung, das Gefühl, die Ladung zu bemerken, bevor sie sich in einem solchen Ausmass manifestiert, dass wir uns wieder einmal in der Vergangenheit verlieren, die, wie wir entdeckt haben, ja unsere Zukunft erschafft.

Es ist kein grosser Schritt, sich vorzustellen, dass sich verschiedene Möglichkeiten für uns öffnen, wenn wir unseren Fokus ändern. Vielleicht öffnet sich sogar eine dieser "parallelen" Realitäten. Wir würden nicht wissen, dass wir eine parallele Realität bewohnen, es sei denn, wir hätten eine Möglichkeit, sie mit anderen Realitäten zu vergleichen. Jede

Entscheidung, die wir treffen, öffnet entweder die Tür zu anderen Wegen des Seins oder bestätigt den bestehenden Weg. Die Realität, in der wir existieren, ist ein Produkt des Verstandes. Derzeit glauben wir, dass wir uns in einer Realität befinden, die aus einer Menge von Konflikten besteht. Auch wenn dein aktueller Platz in dieser Realität keinen offenen Krieg beinhaltet, bleibt er dennoch ein Teil dieser Realität, des "grösseren Bildes". Jeder Teil des Ganzen, jeder Mensch, der diese Realität erlebt, trägt seinen Teil dazu bei, sie aufrecht-zuerhalten, glaubt an sie, kann nicht darüber hinaus sehen. Menschen mögen versuchen, sie zu verändern, aber sie kön-nen nur versuchen, die Erfahrung innerhalb der sich manifes-tierenden Realität zu verändern.

Wenn dies die einzige Realität wäre, die uns zur Verfügung steht, dann sollten wir uns vielleicht mehr anstren-gen! Doch in einer Welt, die auf Konflikten basiert, erhöht der Versuch, sich mehr anzustrengen, nur den Grad des Konflikts. Wir stecken fest. Je stärker die Opposition wird, desto stärker wird der "Protagonist". Dies ist ja wohl kaum eine Win-Win-Situation.

Was helfen kann, ist eine radikal andere Sichtweise, eine, die Konflikt auf keinerlei Ebene unterstützt, weil es im Kollektiv keinen Konflikt gibt. Auch hier liegt die Schwierigkeit in dem Glauben, dass wir bereits tief in eine Realität verwickelt sind, die auf Konflikt basiert; wir sehen die Manifestationen dieses Konflikts überall um uns herum. Es scheint unmöglich, wenn nicht sogar völlig unverantwortlich, nichts dagegen zu "tun". Die Falle ist perfekt.

Es ist Wunschdenken und naiv, sich vorzustellen, dass, wenn genug Menschen aufhören könnten, Konflikte zu schüren, die Konflikte in der Folge aufhören würden, sich zu manifestieren. Es gibt zu viele Interessen, Konflikte am Leben zu erhalten.

Die Welt retten

Ist es wirklich meine Verantwortung, die Menschen vor sich selbst zu schützen? Ich möchte sicherlich nicht ihren Schmerz und ihr Leid noch vergrössern, aber die üblichen, akzeptierten Kanäle funktionieren nicht. Angesichts von Millionen von Menschen, die alle glauben, dass ihre Welt real ist, mag ich mich von der Grösse des Problems mehr als nur ein wenig eingeschüchtert fühlen. Aber das ist das Denken der alten Schule. Eine wertende, polarisierende Sichtweise. Wenn ich der Situation Realität gebe, dann werde ich natürlich überwältigt sein.

Was ist, wenn ich stattdessen versuche, die Welt als Energie oder Information in Form von Wellen zu verstehen, als ein komplexes System von Frequenzen, die in eine Form gebracht werden, je nachdem wer sie betrachtet? Verschiedene Lebensformen sehen die Welt auf unterschiedliche Weise. Wir sehen sie als Form, Farbe, Klang, Geschmack. Doch wenn wir das, was wir beobachten und erfahren, in seine Bestandteile zerlegen, bleiben Energie, Wellen oder Partikel übrig, die alle miteinander interferieren, kollidieren, zusammen oder gegeneinander arbeiten, um die Realität zu erschaffen, die wir wahrnehmen. Es wird angenommen, dass die Art und Weise, wie sich diese Wellen formen und zusammenstossen, die Realität bestimmt, die wir wahrnehmen. Stell dir Kieselsteine vor, die in einen ruhigen Teich geworfen werden. Die Wellen breiten sich nach aussen aus, weg vom Ursprung der Störung, bis sie auf andere Wellen treffen, die sich von ihrem anderen

Ursprung her ausbreiten. Diese beiden Wellen interagieren dann und erzeugen interferierende Wellenformen, die danach eine dritte Welle zu erschaffen.

Wenn anstelle von Kieselsteinen der Ursprung eine Emotion ist, die von einem Individuum aufgeladen wird, welches sich mit der Emotion identifiziert und ihr somit Energie gibt und diese "emotionalen" Wellen treffen auf andere "emotionale" Wellen, dann wird die ursprüngliche Ladung verstärkt. Wenn diese Ladung verstärkt wird, reagieren die Parteien, die für die Erzeugung der Wellen verantwortlich sind, auf die intensivere Ladung und weil sie sich alle mit der Emotion identifizieren, wächst die Ladung an. Weil sich jede Partei mit der zunehmenden Ladung identifiziert, wird das Gefühl "realer" und, im Falle von Wut oder Angst, noch unangenehmer. Wir sind vielleicht nicht in der Lage, das Ergebnis dieser Wellen, die sich gegenseitig stören, zu sehen — es sei denn, der erzeugte Konflikt manifestiert sich dadurch, dass die beteiligten Parteien gewalttätig werden — aber wir können das Ergebnis mit Sicherheit fühlen. Die Veränderung der Energie in einem Raum, in dem zwei Energiefelder miteinander in Konflikt stehen, ist spürbar. Unser eigenes Nervensystem nimmt die Informationen auf und reagiert entsprechend unserer eigenen historischen Konditionierung, indem wir die Informationen bewerten und meistens auch noch verstärken.

Dies ist das einfachste Beispiel, das ich mir vorstellen kann. Das Leben ist natürlich viel komplexer als zwei Wellenformen, die sich treffen und sich gegenseitig stören. Es gibt viele Kieselsteine, die in den Teich geworfen werden, alle zur gleichen Zeit, in einem nie endenden Prozess. Viele Gedanken, viele Emotionen, die alle auf Erwartungen basieren. Diese Komplexität erschafft die Realität, die wir wahrnehmen. Wir fügen immer wieder Kieselsteine — Gedanken und Emotionen — hinzu, die diese Realität aufrechterhalten, ohne dass wir uns bewusst sind, welchen Effekt dies auf die Menschen um uns herum hat oder dass dies tatsächlich die Welt erschafft, in der wir leben. Jemand wirft einen grossen Kieselstein in den Teich, er erzeugt Wellen, unser konditionierter Verstand reagiert auf diese Wellen, indem er seinen eigenen grösseren Stein hineinwirft. Und so geht es weiter.

Ein Grossteil der Entstehung der Wellen ist ein unbewusster Akt, eine Reaktion auf frühe Konditionierung. Jeder bewusste Akt, eine Welle zu erzeugen, entsteht aus und wegen dieser Konditionierung. Zum Beispiel beginnt eine Person, sobald ein gewisser Grad an Sicherheit im Haus und am Arbeitsplatz erreicht ist, sich zu entspannen. Wenn eine Person langsamer wird, hat ihre Vergangenheit die Möglichkeit, sie einzuholen. Erinnere dich daran, dass wir uns so beschäftigt halten, um zu vermeiden, dass die Vergangenheit uns einholt. Dieses Weglaufen vor der Vergangenheit ist oft kein bewusster Akt. Es wird durch längst vergessene Dinge motiviert. Die Vergangenheit kann sich auf viele Arten manifestieren — oft manifestiert sich eine Menge Angst oder Furcht, jene dunklen Aspekte des Selbst, die nie ins Licht gebracht wurden und die nie angesprochen werden konnten in einer Situation, in welcher wir uns sicher gefühlt haben.

So halten wir uns damit beschäftigt, unseren Geist mit einem Gedanken nach dem anderen zu füllen, ohne Raum zwischen den Gedanken. Es ist eine Form von Verteidigungsmechanismus. Indem wir uns beschäftigt halten, vermeiden wir den Schmerz.

Aus diesem unterbewussten Antrieb heraus entfaltet sich unser Leben. Wir entwickeln viele Wege, um diese Verteidigung zu verstärken, einschliesslich der Arbeit, die wir tun. Alles, was wir tun, muss auf dem Fundament dessen beruhen, was wir "glauben" zu sein.

Wenn wir aufhören zu rennen und in die Risse zwischen den Gedanken zu fallen scheinen, schaut sich unser Geist nach etwas Vertrautem um, einem Rettungsboot, an dem wir uns festhalten können, um zu verhindern, dass wir in diesem dunklen Raum zwischen den Gedanken verloren gehen. Ein Raum, in dem sich die tiefsten, dunkelsten Geheimnisse der Vergangenheit verstecken. Wir rationalisieren, um der Dunkelheit einen Sinn zu geben und wir geben äusseren Ereignissen, aktuellen Geschehnissen die Schuld — wir nehmen an, dass unsere Ängste das Ergebnis des Weltgeschehens sind. Wir rechtfertigen unser Leben, indem wir sagen, das ist, wer wir sind, das ist, was wir tun. Diese Argumentation kommt jedoch aus dem konditionierten Verstand, es zeigt nicht, wer du bist, es zeigt lediglich denjenigen, den du zu sein glaubst.

Du hast dir ein Leben aufgebaut, das darauf basiert, wer du zu sein glaubst; dein Leben bestätigt dir dann, dass du tatsächlich so bist. Die einzige Realität, die mit dieser Sichtweise verbunden ist, ist die, die du ihr von Moment zu Moment gibst, weil du Angst vor dem Unbekannten hast, der Pause zwischen den Gedanken. Wer wir sind, ist etwas, das so weit jenseits unserer gegenwärtigen Wahrnehmungen liegt, dass wir es uns nicht einmal ansatzweise vorstellen können und wir werden es uns auch weiterhin nicht vorstellen können, solange wir den Verstand so beschäftigt halten, dass er niemals damit beginnen kann, diesen Raum zwischen den Gedanken zu erkunden.

Wenn du deine weitere Existenz darauf gründest, wer du zu sein glaubst, wirst du weiterhin die Illusion unterstützen, dass dies in der Tat das ist, was du bist. Aber es ist nicht das, was du bist. Es ist das, was du glaubst, dass du es geworden seist.

Loslassen der Vergangenheit

Oft ist deine gewählte Arbeit, dein Partner, deine Lebensweise einfach ein Produkt deiner Unfähigkeit, deine Vergangenheit zu umarmen, dich mit ihr anzufreunden, sie zu entmachten, sie ans Tageslicht zu bringen und bewusst mit ihr zu tanzen. Wenn du dieses Festhalten an die Vergangenheit loslassen kannst, indem du sie anerkennst, sie akzeptierst, nimmst du der Ladung den Wind aus den Segeln, die dieses imaginäre Wesen, das du dich selbst nennst, erschaffen hat. Wenn du aufhörst, die Vergangenheit zu füttern, verliert sie ihren Einfluss auf deine Zukunft. Das mag anfangs herausfordernd sein, weil der konditionierte Verstand immer noch ein anderes Rettungsboot suchen wird, aber je vertrauter und bequemer dieser Raum zwischen den Gedanken wird, desto leichter wird es, mehr Zeit dort zu verbringen. Je länger du dort verweilst, desto mehr Klarheit wird sich einstellen.

Du kannst sogar, wenn du möchtest, einen neuen Kurs durch das Leben einschlagen, einen, der nicht auf einer unbekannten konditionierten Vergangenheit basiert, sondern auf einem solideren Fundament von Frieden und Balance. Solange du jedoch ein Opfer deiner Vergangenheit bist, bleibt dies ein unmöglicher Traum.

Ob der Zustand der Trennung eine natürliche Auswirkung davon ist, dass wir in die menschliche Welt geboren worden sind oder ob es ein Konstrukt ist, das entworfen wurde, um die Kontrolle aufrechtzuerhalten oder ein wenig von beidem, ist nicht wirklich wichtig. So oder so, das Problem ist dasselbe: Wir wurden in eine gewisse, sich selbst aufrechterhaltende Art, das Leben zu betrachten, hineingebracht. Diese Art zu leben hält uns alle in einem Zustand von Konflikt, Furcht und Angst. Du bist vielleicht nicht direkt in offene Gewalttaten verwickelt, aber Gewalt wird dir trotzdem angetan.

Wenn du in der Angst lebst, deinen Job zu verlieren, wenn du in der Angst lebst, nachts alleine in deiner Nachbarschaft rauszugehen, wenn du in der Angst lebst, dir eine tödliche Krankheit zuzuziehen, wenn du in einem hohen Angstzustand lebst, weil du nicht weisst, woher die nächste Mahlzeit für deine Familie kommen wird, dann bist du das Opfer einer gewalttätigen Gesellschaft.

Erinnere dich, wo auch immer du dich jetzt befindest, welche Erfahrungen dir auf deinem Weg begegnen, diese sind ein Produkt eines konditionierten Geistes. Sie sind das Ergebnis von etwas, das du in der Vergangenheit getan hast, oft ohne bewusste Beteiligung. Was auch immer du getan hast, welche Entscheidungen auch immer getroffen wurden, es war das Ergebnis dessen, was du zu der Zeit geglaubt hast, zu sein. Wenn du diesen Glauben beibehältst, dann kannst du sicher sein, dass mehr vom Gleichen auftauchen wird. Wenn du diesen Prozess in Frage stellst, kannst du den konditionierten Verstand durchschauen und ein grösseres Verständnis dafür gewinnen, wer du wirklich bist. Erinnere dich auch daran, dass die Person, die sich in Frage stellt, ebenfalls ein Produkt des konditionierten Verstandes ist. So lange du dich mit der vergangenen Konditionierung identifizierst, wird das auch so bleiben.

Du wirst keine Antworten auf das finden, was du glaubst, was dich bedrückt, bis du die Vergangenheit vollständig losgelassen hast. Bis dahin wirst du vergessen haben, was das Problem war, weil das Problem nicht mehr existiert. Verrückt, oder?

Realität abbauen

Ich bin, wie alle anderen auch, ein Produkt meiner Vergangenheit, das ist unvermeidlich. Ich schreibe gerne früh am Morgen, also muss ich aufstehen und loslegen, während diese Seite der Erde noch schläft. Das Schreiben dieses Buches ist eine Herausforderung, denn im Gegensatz zu meinen früheren Büchern erfordert dieses, dass ich während des Schreibens meine eigene Realität auflöse. Ich kann den Widerstand gegen diesen Prozess spüren, während ich schreibe.

Bücher bestehen aus Wörtern, vielen Wörtern. Sachbücher werden geschaffen, um Ideen einer grösseren Bevölkerung zu präsentieren. Diese Ideen basieren auf den aktuellen Wahrnehmungen des Autors — nicht mehr und nicht weniger. Wir benutzen Worte, um zu kommunizieren. Ein grosser Teil der Kommunikation zwischen Individuen ist jedoch nonverbal: Es ist eher ein energetischer Austausch, der nicht so offensichtlich ist wie das gesprochene oder geschriebene Wort. Wenn wir nur Worte haben, wenn wir den nonverbalen Teil auslassen, gibt es keine Möglichkeit der Aktion und der Reaktion. Ein Buch ist ein Monolog, welches seinen Punkt so klar wie möglich rüberbringen muss und manche Themen eignen sich dafür leichter als andere.

Dieses Thema ist herausfordernd, weil es von etwas spricht, was für viele nicht existiert — zumindest nicht in ihrer aktuellen Wahrnehmung. Obwohl es also aus meiner Sicht geschrieben ist (wie sonst könnte ich etwas schreiben?), ist es eine Sichtweise, die auf Selbstzerstörung ausgelegt ist. Ist es möglich zu schreiben, ohne von einem Standpunkt aus zu kommen? Würde es etwas zu sagen geben? Was wäre der Punkt? Verzeih das Wortspiel!

Für mich ist dieser Prozess des Abbauens eine gemeinsame Reise. Wenn wir wollen, dass uns jemand auf irgendeiner Reise begleitet, dann ist eine gemeinsame Sprache hilfreich. Diese besondere Art der Reise ist wirklich sehr interessant. Wenn wir eine Reise beginnen, ohne uns überhaupt bewusst zu sein, dass wir auf einer Reise sind, bewegen wir uns wie eine unbewusste Migration mit der Masse, wir sind Teil einer grösseren Gruppe. Wir glauben alle an dasselbe, wir bewegen uns in dieselbe Richtung, wir haben dieselben Ziele. Wir haben nicht viel Raum und auch nicht die Notwendigkeit, für uns selbst zu denken. Wir tun einfach, was wir tun, weil es alle anderen auch tun. Wir mögen unsere Eigenheiten haben, wir werden toleriert oder nicht, aber wir bewegen uns alle als eine lose Gruppierung.

Es gibt kleine Alarme entlang der Reise, kleine Weckrufe. Sie sind immer da, aber meistens hören wir sie nicht, weil wir Teil der Gruppe sind und die Gruppe einfach weiterfährt damit, zu tun, was die Gruppe halt so tut. Ich vermute, dass unsere Chance, einen dieser Alarme, dieser kleinen Weckrufe zu hören, von der Ladung abhängt, die wir tragen. Je mehr Ladung, desto weniger sind wir in der Lage, diese innere Stimme zu hören. Und falls wir mit ausreichend Ladung die innere Stimme hören können, ist diese nicht immer zu unserem Wohl da!

Hast du dich jemals dazu hingezogen gefühlt, etwas zu studieren, das einfach nicht zu deinem offensichtlichen angestammten Erbe gehörte? Haben deine Wünsche den Rahmen der Gruppe gesprengt, mit der du unterwegs warst? Wurdest du gerufen, anders zu sein als die Gruppe, der Gruppe, in die du hineingeboren wurdest? Hast du jemals gefühlt, dass du "anders" bist als die meisten oder alle anderen der Gruppe, mit der du unterwegs warst?

Manchmal üben die Umstände der Gruppe grosse Kontrolle und Druck aus. Die Ergebnisse der Ablehnung der kollektiven Überzeugungen sind so unangenehm, dass du sie unterdrückst und weitermachst, deine Rolle spielst, obwohl du insgeheim immer noch den Wunsch in dir trägst, etwas anderes zu sein als ein Produkt des Massengedankens der Gruppe. Wenn du den Traum nicht auslebst, stehen die Chancen gut, dass du ihn an deine Kinder weitergibst. Das ist ein grosser, wenn auch nicht immer bewusster, Grund, Kinder zu bekommen. Dein Kind erbt unter anderem deine Träume, Hoffnungen und Ängste und wird sie entweder durcharbeiten, erleben und die Ladung auflösen oder aber, aus welchen Gründen auch immer, dem kollektiven Geist erliegen.

Wenn wir, bewusst oder unbewusst, die Träume unserer Eltern durcharbeiten, werden wir entweder erkennen, dass es die Träume unserer Eltern sind und die Ladung bewusst auflösen oder wir nehmen die Träume persönlich und fügen mehr Ladung hinzu.

Unsere Fähigkeit, in bestimmten Bereichen bewusst zu sein oder nicht, hängt von unserer persönlichen Geschichte ab. Wenn wir bewusst daran arbeiten, die Ladung aufzulösen, scheinen wir immer noch mit der Gruppe zu reisen, obwohl die Reaktion der Gruppe von der Art der Ladung abhängt, die wir auflösen. Die Ladung kann sozial akzeptabel sein oder nicht! Wenn wir die Ladung bewusst auflösen, werden wir wahrscheinlich einen Punkt auf der Reise erreichen, an dem die Energie der Ladung verschwindet und vollständig entfällt. Dies wird uns nicht das Gefühl geben, leer oder ohne Zweck zu sein; ganz im Gegenteil. Wenn wir diesen Prozess bewusst durchlaufen haben — was bedeutet, dass wir uns der Ladung bewusst waren, woher sie kam, was sie bedeutete und uns nicht mit der Erfahrung identifiziert haben — dann werden wir in einem friedlicheren Zustand sein.

Dieser friedliche Zustand erlaubt uns, jede andere Ladung, die wir mit uns tragen, klarer zu beobachten. Unsere Übung mit der vorherigen Ladung war, die Energie wahrzunehmen, uns aber nicht mit ihr zu identifizieren, was, wie wir gesehen haben, einfach nur Ladung hinzufügen würde statt sie aufzulösen. So sind wir besser gerüstet, dasselbe mit anderen Ladungen zu tun, die auf unserem Weg auftauchen. Je mehr Ladung wir auflösen, desto mehr sind wir in der Lage zu sehen, dass alles nur Ladung ist. Was auch immer uns antreibt, was auch immer uns motiviert ist alles Ladung, die ausgedrückt werden muss. Wir können wählen, ob wir uns mit der Ladung und den damit verbundenen Gefühlen und Emotionen identifizieren — in diesem Fall geben wir der Ladung Energie und garantieren ihr einen Platz in unserer Zukunft — oder wir können die Erfahrung einfach anerkennen und loslassen.

Je mehr Ladung wir auflösen, desto friedlicher werden wir, desto klarer können wir sehen. Je mehr Ladung wir auflösen, desto mehr scheinen wir uns vom Gruppendenken zu entfernen, denn die Mehrheit in der Gruppe denkt immer noch entlang der konditionierten Linien, sie ist verloren in der Ladung der Erfahrung. Sich von der Gruppe wegzubewegen, kann schwierig sein, besonders für andere Mitglieder der Gruppe. Je mehr wir wahrnehmen und je weniger wir reagieren, desto einfacher wird es für uns, desto schwieriger wird es für die "Zurückgebliebenen", weil es alle möglichen Emotionen in ihnen hochbringt, die sie auf dich projizieren. Wenn du wirklich in der Lage bist, zu bemerken und aufzulösen, was auch immer auftaucht, in der Lage, zu erkennen, dass alles nur Ladungen sind und nichts davon persönlich zu nehmen, dann werden der Spott und der Missbrauch von der Gruppe nicht bloss weniger Einfluss auf dich haben, sondern werden komplett wegfallen, weil du nichts mehr dazu beiträgst. Du bist nicht mehr in Opposition zu ihrer Sichtweise.

Hier liegt die Möglichkeit zur Veränderung in der Fähigkeit eines jeden von uns, die Ladung zu reduzieren, die das Kollektiv in immer mehr Konflikte treibt.

Wir sind durch unsere Vergangenheit darauf konditioniert, in einem stark polarisierten Zustand zu bleiben. Wir setzen uns mit Situationen auseinander, die auf unseren Erfahrungen innerhalb des polarisierten Zustands basieren. Wir bekommen Jobs, von denen unsere innere Konditionierung uns sagt, dass sie richtig für uns sind, wir finden Partner, von denen diese innere Stimme uns sagt, dass sie richtig für uns sind. Wir gehen durch das Leben und erschaffen eine Realität, von der uns die frühe Konditionierung glauben machen will, dass sie "richtig" für uns ist. Wir rechtfertigen unsere Motivation, wir verstärken unsere Unsicherheiten, indem wir dem gleichen Weg folgen in dem Glauben, dass es die einzige Option ist, die uns offen steht. Wir halten selten inne, um in Frage zu stellen, warum wir so denken. Nein, wir machen einfach weiter.

Entscheidungen, die wir früher getroffen haben, als Ergebnis einer Ladung, die nie "unsere" war, werden darauf aufgebaut und verstärkt. Wir machen das schon so lange, dass wir wirklich glauben, dass dies das ist, was wir sind und nichts, was wir tun könnten, kann das ändern. Wir erschaffen eine Welt, die widerspiegelt, wer wir zu sein glauben, eine Welt, die uns definiert. Das Versagen, vom Kollektiv zurückzutreten, ist einfach ein Produkt dieser Konditionierung. Wir schränken uns selbst ein, um uns sicher zu fühlen, finden aber schnell heraus, dass diese Einschränkungen in Wirklichkeit ein Gefängnis ist, das uns immer tiefer in die Illusion einbindet. Eine Illusion, die von der Gruppe unterstützt wird, der Gruppe, von der wir glauben, ein Teil zu sein.

Eine neue Realität erschaffen

Ein Mensch ist ein Teil eines Ganzen, von uns Universum genannt, ein in Zeit und Raum begrenzter Teil. Er erlebt sich selbst, seine Gedanken und Gefühle als etwas vom Rest Getrenntes ... eine Art optische Täuschung seines Bewusstseins. Diese Täuschung ist für uns eine Art Gefängnis, das uns auf unsere persönlichen Wünsche und auf die Zuneigung zu einigen wenigen Personen, die uns am nächsten stehen, einschränkt. Unsere Aufgabe muss es sein, uns aus diesem Gefängnis zu befreien, indem wir unseren Kreis des Mitgefühls erweitern, um alle Lebewesen und die gesamte Natur in ihrer Schönheit zu umarmen.

ALBERT EINSTEIN

Alles entsteht aufgrund unseres inneren, konditionierten Konflikts. Es ist unrealistisch, zu denken, dass wir in einer Welt der Dualität, der Kausalität, leben können, ohne dieser Welt Energie zu geben. Es ist unvorstellbar, sich vorzustellen, dass wir ohne jegliche Standpunkte existieren können. Selbst die Vorstellung, dass ich keinen Standpunkt habe, ist ein Standpunkt, eine Übertragung von Energie, von Information, die hilft, die Welt in der wir leben zu erschaffen. Es ist ausreichend, dass wir damit aufhören, Standpunkte zu beurteilen, aufhören, andere zu beschuldigen, die einen anderen Standpunkt haben. Jeder von uns projiziert eine Überzeugung in die Zukunft, eine Überzeugung, die wir ohne unser bewusstes Zutun erworben haben. Menschen spielen oft ein Drama durch, das sie in ihrem frühen Leben erlebt haben, eines, das sie als Kind als traumatisch empfanden. Wenn ein kleines Kind etwas erlebt, das es nicht verstehen kann und das es als schmerzhaft empfindet, wird es oft versuchen, diese Erfahrung aus seiner Erinnerung zu verdrängen. Dieses "Blockieren" lässt die Erinnerung nicht verschwinden oder gar verblassen. Man leugnet einfach, dass es jemals passiert ist. Diese Verdrängung führt zum Aufbau von Ladung auf einer unterbewussten Ebene, bis der Körper diese Ladung nicht mehr halten kann und sie sich körperlich, geistig oder emotional äussert. Wir können die Person nicht dafür verantwortlich machen, dass sie sich so verhält. Sie ist genauso ein Opfer ihrer Vergangenheit, wie wir es von unserer sind.

Wir alle sind Opfer unserer Vergangenheit, niemand entkommt. Wenn wir das wirklich verstehen, dann ist es nicht mehr möglich, das Verhalten anderer zu tadeln oder zu verurteilen. Das ist schwer, wenn jemand versucht, dich zu erschiessen oder dein Haus zu bombardieren. Und hier können andere helfen: Nicht indem sie sich zwischen dich und den Schützen stellen, sondern indem sie an sich selbst arbeiten und ihre eigene Energie in einen klareren und ausgeglicheneren Zustand bringen. Wenn es genug Menschen gibt, die zu diesem Konzept erwachen und es anwenden in einem Leben ohne Schuldzuweisungen und Verurteilungen, dann wird die Welle, die von all diesen Steinen erzeugt wurde, zusammenbrechen.

Es gibt keine Grenze für die Kraft eines wahrhaft mitfühlenden Herzens, das alle Energie, alle Informationen, alle sogenannte "Negativität" in sich aufnimmt und die Wellen kollabieren lässt. Es hört auf damit, Energie in das System zurückzuspeisen, Energie, die Anschuldigungen, Schuldzuweisungen und Urteile aufrechterhalten hat. Es ist nur ein ängstliches Herz, das seine Exposition gegenüber dem, was es als negative Information wahrnimmt, begrenzt. Es ist nur das Herz, das in einem egozentrischen Drama verloren ist, welches urteilt und beschuldigt und nicht verfügbar ist, um andere zu unterstützen. Ein wirklich offenes Herz hat nichts zu befürchten und als solches ist die Energie, die projiziert wird, ganz anders als die Energie, die von einem ängstlichen Herzen gesendet wird.

Wir mögen glauben, dass unser Herz furchtlos ist, aber um zu verstehen, ob dies wahr ist oder nicht, müssen wir uns umsehen, sehen, was in unserem Leben passiert, wie wir auf verschiedene Situationen reagieren oder nicht. Uns anschauen, wo wir immer noch einen Groll hegen, wo wir immer noch Schuld zuweisen, wo wir vielleicht Ärger noch nicht losgelassen haben. All das sind Indikatoren dafür, dass es noch ein wenig Arbeit am Selbst zu tun gibt. Die Angst vor Veränderung ist oft Grund genug, um Menschen davon abzuhalten, alle Schuldzuweisungen und Urteile loszulassen.

Schuldzuweisungen und Urteile sind, wie du vielleicht schon vermutet hast, die Hauptakteure in diesem Drama. Immer, wenn wir uns mit der Erfahrung identifizieren, bewegen wir uns weiter in Schuldzuweisungen und Urteilen. Je mehr wir beschuldigen und urteilen, desto mehr scheinen wir ein Opfer der Umstände zu sein. Je mehr wir zum Opfer werden, desto schwieriger ist es, einen Schritt zurückzutreten und zu sehen, wie Schuldzuweisung und Verurteilung für all den Missbrauch verantwortlich sind, den Menschen jemals einem anderen zugefügt haben.

Die Welt, wie sie geworden ist oder wie sie zu sein scheint, könnte ohne eine polarisierte Ladung nicht existieren. Es ist die Ladung, die die Realität manifestieren lässt. Wenn wir alle komplett aufhören würden zu urteilen, keine Schuldzuweisungen mehr machen, nicht mehr an Standpunkten festhalten würden, dann würde die Welt, wie wir sie kennen, wegfallen. Wäre das so eine schlechte Sache? Oder wäre es ein grosser evolutionärer Schritt auf der Reise?

Wir werden es nie wissen, solange wir an einem Glauben festhalten, dass die Erfahrung "unsere" ist, dass sie uns "gehört".

Ist es möglich, dass diejenigen, die in diesem Spielfeld bleiben wollen, dies tun werden und diejenigen, die dazu bereit sind, weiterziehen? Ich vermute, dass dies der Fall ist. Wir können niemanden retten, bevor wir nicht zuerst uns selbst gerettet haben; das ist ein weit verbreitetes Missverständnis, das aus Schuldzuweisungen und Urteilen erwächst. Aus diesem grundlegenden Missverständnis heraus entsteht auch das Bedürfnis, dass wir andere retten müssen. Wir können versuchen, unsere privilegierte Existenz zu rechtfertigen, indem wir den weniger Glücklichen helfen. Das ist der Gipfel der Verurteilung und kann nicht wirklich Gutes bewirken. Es mag deine bewussten Gefühle des Helfenwollens anregen, aber es ändert nichts. In der Tat, wenn die Person, die zu helfen versucht, dies aus einem egobasierten Wunsch heraus tun will, dann bleibt sie ein Teil des Problems und gibt damit dem polarisierten Zustand nur Energie, was ihn noch "realer" macht.

Die Idee, dass jemand überhaupt Hilfe "braucht", ist ein Produkt eines polarisierten Bewusstseinszustandes. Es ist ziemlich erstaunlich, dieses Netz, das wir weben: Wir weben es so gut, dass wir vergessen haben, dass wir die Weber sind und dass es doch nur ein Netz ist.

Wie ernst ist es dir damit, signifikante Veränderungen herbeizuführen und nicht nur an den Rändern herumzutanzen?

Um eine Veränderung herbeizuführen, werde selber zur Veränderung.

Um zur Veränderung zu werden, höre auf, zu beschuldigen und zu verurteilen.

Um mit dem Beschuldigen und Urteilen aufzuhören, höre auf, dich mit den Gedanken, Gefühlen und Emotionen zu identifizieren, die durch dein Bewusstsein gehen.

Um aufzuhören, dich mit diesen Gedanken, Gefühlen und Emotionen zu identifizieren, verstehe, woher sie kommen und warum du sie so erlebst, wie du sie erlebst.

Um dies zu tun, übe dich darin, alles, was auftaucht, zu akzeptieren, ohne darauf zu reagieren.

Wenn du die Menschen um dich herum dazu ermutigen kannst, das Gleiche zu tun, wird der Weg leichter und die Ergebnisse werden sich viel schneller zeigen.

Je schneller die Ergebnisse, desto mehr Gründe wirst du haben, weiterzumachen.

Dies ist der Weg zu einer neuen Realität, in der es weder Krieg noch Frieden gibt.

Höre auf zu beten und beginne bewusst zu erschaffen. Um bewusst zu erschaffen, musst du dich deinen persönlichen Dämonen, jenen Schattenaspekten deines Selbst, gestellt haben, damit sie keine Macht mehr über dich haben, damit sie dein Leben nicht mehr aus dem Unterbewusstsein heraus kontrollieren.

Wenn dir das alles zu schwer ist, dann mach einfach das, was du dein ganzes Leben lang getan hast, aber akzeptiere die Rolle, die du bei der Erschaffung und Unterstützung jedes andauernden Konflikts in der Welt spielst und nimm wahr, wie du dich dabei fühlst.

Oder du kannst dich jenen anschliessen, die in eine parallele Realität eintreten wollen und die Spielzeuge den Jungen überlassen, jenen, die so versunken sind im Spiel, dass sie das Spiel ausspielen müssen. Denke daran, es ist ihr Spiel, nicht deins.

Wenn du dich entscheidest, im Spiel zu bleiben, sei dir der Konsequenzen bewusst und sei bereit, den Preis zu bezahlen. Ladung muss auf eine gewaltfreie Weise ausgedrückt werden. Ladung kann nicht ohne Nebeneffekte im Inneren bleiben. Über viele Jahre wurde mir bewusst, dass immer mehr Menschen an verschiedenen Krebsarten leiden und sterben. Obwohl ich keine Studien durchgeführt habe, um dies zu beweisen, habe ich oft gesehen, dass sich Krebs als Ergebnis von Ladung manifestiert, häufig wegen emotionalem Urteil, das nicht ausgedrückt worden ist. Wenn wir ein Gefühl verleugnen, geht es nicht einfach weg. Es bleibt ein Teil von uns, wenn auch ein Teil, den wir nicht bewusst wahrnehmen. Wenn wir Hass oder Wut durch das Leben tragen, dann werden wir nicht nur die Welt durch wütende, hasserfüllte Augen sehen, wir werden nicht nur Wut und Hass in unser Leben ziehen, sondern wir werden auch unseren Körper verschmutzen und ihn immer wieder mit giftigen Chemikalien füllen, mit jenen Chemikalien, die wir mit Hass und Wut assoziieren, diesen Emotionen, die wir immer wieder aufladen, energetisch verstärken.

Wenn wir es versäumt haben, zu vergeben, wird es immer einen Teil von uns geben, der übel nimmt, ablehnt, beschuldigt und verurteilt. Diese Aspekte des Selbst sind sehr weit entfernt von einem Zustand der bedingungslosen Liebe. Es ist die bedingungslose Liebe, die unsere energetische Natur anhebt, so dass sich die niedrige Frequenz von Krankheit am wenigsten manifestieren kann.

Verdrängte Ladung wird unsere Gesundheit, unser Glück und unsere Fähigkeit zu lieben auffressen. Verdrängte Ladung wird uns in der Vergangenheit gefangen halten, in niedrig schwingenden Energiemustern. Und während wir Opfer dieser niedrigen Energie bleiben, werden wir nur in der Lage sein, die entsprechenden, niederenergetischen Ereignisse in unserem Leben zu manifestieren. Dies wird zum Selbstzweck: Wir fühlen uns in unserem Ärger, in unserem Hass gerechtfertigt, weil sich die Welt für uns in einer wütenden, hasserfüllten Weise manifestiert. Verdrängte Ladung kann durchaus dazu führen, dass im Körper ein Krebsgeschwür wächst, das ausser Kontrolle geraten ist.

Die Idee der Vergebung entsteht nur, wenn wir glauben, dass wir uns vom anderen getrennt haben. Wir mögen denken, dass wir besser oder schlechter sind, wir mögen denken, dass wir edel sind, wenn wir in der Lage sind, zu vergeben. Doch Vergebung setzt jemanden voraus, der sich im Unrecht glaubt, was bedeuten muss, dass jemand, zu irgendeiner Zeit, Schuld an unserem Gefühl des Unrechts war. Vergebung ist also ein relativer Begriff; man kann denken, dass sie nötig ist, solange sich jemand mit dem Standpunkt identifiziert, im Unrecht gewesen zu sein. Je mehr wir verstehen, dass wir alle ein Teil desselben Bewusstseins sind, desto schwieriger wird es, die Vorstellung aufrechtzuerhalten, dass es jemanden "da draussen" gibt, der uns Unrecht getan hat. Wenn es niemanden da draussen gibt, kann es auch niemanden geben, dem man vergeben kann.

Vergebung kann jedoch eine Rolle dabei spielen, uns zu diesem Verständnis zu verhelfen. Vergebung ist in Wirklichkeit die Fähigkeit, sich selbst zu lieben, die Teile zu lieben, die das meiste Unbehagen verursachen und das muss die Teile einschliessen, die sich von einem anderen missbraucht, ungerecht oder schlecht behandelt fühlen. Wir können uns selbst oder verschiedenen Körperteilen, die aus dem Gleichgewicht geraten sind, keine Liebe "schicken", weil der Akt des Sendens immer noch etwas tun ist. Wenn wir das Bedürfnis verspüren, uns selbst oder anderen Liebe zu senden, beurteilen wir die Situation als mangelhaft, an Gesundheit, an Freude, an Glück, an Liebe!

Bedingungslose Liebe ist die völlige Abwesenheit von Urteilen. Während wir immer noch Teile des Körpers als fehlerhaft beurteilen, Mitmenschen oder sogar unseren eigenen Körper als vergebungsbedürftig, sind wir gefangen im Prozess der Aktion, der Reaktion und der Notwendigkeit, etwas zu tun, um Veränderung zu schaffen. Solange wir das Gefühl haben, etwas tun zu müssen, halten wir an einer überlegenen Haltung fest, als ob unser Tun wirklich einen Unterschied machen könnte. Dies ist ein weiteres Beispiel für polarisiertes Denken: Solange es jemanden gibt, der glaubt, er oder sie sei überlegen oder schwächer, wird ein Konflikt unvermeidlich sein. Je weniger polarisiert unser Denken ist, je weniger urteilend wir sind, desto weniger Konflikt entsteht. Je weniger Konflikt aufkommt, desto leichter ist es, das Urteil loszulassen.

Es nützt nichts, Gott die Schuld zu geben, wenn bei dir oder einem geliebten Menschen eine lebensbedrohliche

Krankheit diagnostiziert wird. Du hast dein Bett gemacht, jetzt musst du darin liegen und das Unvermeidliche akzeptieren. Du warst vielleicht nicht ganz wach oder bewusst, als du die Entscheidungen getroffen hast, die du getroffen hast. Solange du immer noch jemand anderen oder eine Gottheit beschuldigst, hast du nur noch wenig Gelegenheit zur Selbstverwirklichung.

Man kann kaum erwarten, dass wir in der Lage sind, die Verantwortung für die Ergebnisse von Handlungen zu übernehmen, die scheinbar ausserhalb unserer Kontrolle lagen und von denen wir kein Bewusstsein hatten. Es wäre also zu erwarten, dass Menschen zum Beispiel jede Rolle, die sie an ihrem aktuellen Gesundheitszustand gespielt haben, leugnen würden. Ich glaube, dass ohne die Übernahme von Verantwortung keine wirkliche Veränderung stattfinden kann. Aber es ist nicht realistisch, von jemandem mit einer "unheilbaren" Krankheit zu erwarten, dass er Verantwortung übernimmt. Schliesslich war es möglicherweise die Verweigerung von Verantwortung, die zu dem aktuellen Zustand geführt hat.

Man mag auf dem Sterbebett beginnen zu sehen, wie verschiedene Handlungen und Entscheidungen zu einem Zusammenbruch der Gesundheit eines Erwachsenen beigetragen haben. Aber die Menschen finden es viel schwieriger zu akzeptieren, dass ein sehr kleines Kind irgendwelche Umstände geschaffen haben könnte, die Vergebung erfordern. Es ist schwer vorstellbar, dass ein Kind genug Zeit auf dem Planeten gehabt hat, um so viel Ladung anzusammeln, dass der Körper eine lebensbedrohliche Krankheit entwickelt.

Wir nehmen fälschlicherweise an, dass ein Kind unschuldig ist. Wie kann ein Kind überhaupt unschuldig sein? Woher kommt das Kind, wenn nicht aus dem genetischen Material seiner Eltern? Was ist mit der Ladung, die die Seele vielleicht erst noch verarbeiten muss? Sind die Eltern so klar und ohne eigene Ladung, dass sie nichts von ihren eigenen unerledigten Angelegenheiten an ihre Kinder weitergeben? Und warum sollte sich eine Seele dafür entscheiden, in einen Körper zu inkarnieren, der nicht lange lebt? So etwas wie Unschuld gibt es nicht, wenn es irgendeine Ladung gibt, die noch verarbeitet oder aufgelöst werden muss.

Wenn du das Leid der Kinder lindern willst, musst du dich zuerst deinen eigenen Dämonen stellen. Es ist immer so viel einfacher, jemand anderem die Schuld zu geben und mit dem Beschuldigen das Drama fortzusetzen.

Es scheint sicherlich nicht realistisch, zu erwarten, dass diejenigen, die leiden, erwachen und bemerken, welchen Teil sie bei der Erschaffung des Dramas gespielt haben und jede damit verbundene Ladung aufzulösen. Vielleicht ist das auch gar nicht nötig. Ich glaube, dass es für einen anderen möglich ist, die angesammelte Ladung im Namen derer, die in dem Drama verloren sind, aufzulösen. Dies basiert auf der alten buddhistischen Lehre des *Phowa, wörtlich: die Übertragung des Bewusstseins im Moment des Todes.* Es ist nicht notwendig, dass der Tod unmittelbar bevorsteht, damit dies funktioniert. Ein mitfühlendes Herz kann eine unbegrenzte Menge an Ladung aufnehmen, ohne davon beeinträchtigt zu werden. Ein wirklich offenes Herz kann eine Ladung aufnehmen, wo immer es sie findet, egal wie intensiv sie ist, sie umwandeln oder die Wellen des Chaos einstürzen lassen und damit denjenigen befreien, der glaubt, dass er leidet. Wenn eine Person Ladung in den Tod trägt, wird diese Ladung weitergegeben und zwar so lange, bis sie vollständig aufgelöst ist. Wenn die sterbende Person im Moment des Todes unterstützt wird und die Ladung in ihrem Namen aufgelöst wird, dann kann dieser Ladung keine weitere Energie gegeben werden, weil die Person, die sie genährt hat, nicht mehr in der physischen Welt lebt. Da dies der Fall ist, gibt es nichts mehr, was ausgearbeitet oder aufgelöst werden kann oder, was noch wichtiger ist, was weitergegeben werden kann.

Es ist möglich, durch die gleiche Praktik die angesammelte Ladung im Namen der noch lebenden Personen aufzulösen. Dies kann ihnen helfen, klarer zu sehen und besser informierte Entscheidungen zu treffen. Wenn sich jedoch die Programmierung, die tiefe Konditionierung nicht ändert, dann ist es wahrscheinlich, dass sich die Ladung wieder ansammelt und sich letztendlich wenig ändert.

Wenn diese Auflösung von Ladung häufig genug erfolgt, wird der Ladung nicht erlaubt, sich bis zu einem Punkt aufzubauen, an dem sie Probleme verursacht. Das hält den Druck vom Individuum fern, so dass es sich mehr entspannen kann, sich sicherer fühlt und weniger gestresst ist. Wenn dieses Gefühl der Sicherheit wächst, wächst auch die Fähigkeit des Körpers, sich neu zu programmieren.

Wir alle finden es schwer, über alte Begrenzungen hinauszugehen, so lange wir von Erinnerungen an diese Begrenzungen umgeben sind. Zu den Erinnerungen gehören Familienmitglieder, Freunde, Kollegen, unser Zuhause, unser Arbeitsplatz. Freunde und Familie erwarten von uns, dass wir uns auf eine bestimmte Art und Weise verhalten. Sicherlich haben auch die Kollegen am Arbeitsplatz ihre Erwartungen. Die Einrichtung unseres Zuhauses ist ein weiteres Spiegelbild dessen, was wir glauben zu sein. Der Ort, an dem wir leben, der Job, den wir haben, die Beziehung, in der wir sind oder auch nicht, sind alles Reflexionen dessen, was wir glauben zu sein.

In den Urlaub zu fahren, durchbricht nicht wirklich das Muster. Es legt nur das konditionierte Leben für ein oder zwei Wochen auf Eis. Die Stadt zu wechseln, den Job zu wechseln, den Partner zu wechseln — nichts davon funktioniert, weil wir uns selbst die ganze Zeit mit uns nehmen. Wir treffen immer wieder auf uns selbst, egal wohin wir gehen, welchen Job wir haben, mit wem wir in einer Beziehung sind.

Wenn es eine Person auf der Welt gibt, vor der wir nicht weglaufen können, dann ist es unser Selbst. Freundschaft mit dem Selbst schliessen — das ist alles, was wir tun müssen.

Wir existieren innerhalb einer bestimmten Realität, die ein Produkt unseres Schwingungszustandes ist, bis sich dieser verändert. Wenn das geschieht, wird sich die Türe öffnen.

Über den Autor

Eric Dowsett vermittelt seit über 33 Jahren "Clearing" und zeigt uns, wie wir uns selbst und unsere Beziehung zur Umwelt ändern können.

Seine Reise begann mit dem Erforschen der Energien der Umwelt und schloss schon bald die Energie derer mit ein, die darin leben. Schnell wurde Eric klar, dass beides nicht voneinander getrennt werden kann. Dies führte ihn auf eine Reise in das menschliche Bewusstsein, jenseits von alten Barrieren und konditioniertem Denken und gab ihm einen Einblick, warum wir damit fortfahren, zu tun, was wir schon zuvor getan haben und wie wir aus der konditionierten Vergangenheit in eine ganz andere Zukunft treten können.

Eric ist auch der Autor von *The Moment That Matters* / deutscher Titel: *Indras Netz*; *Loving Who Shows Up*; *First Aid: A Guide to Greater Health and Happiness*; *BOX, What Box?*

Erfahre mehr über Eric und Clearing unter: www.ericdowsett.com